Marc C. Berthold

Advocatus in omnibus angulis mundi

Marc C. Berthold

ADVOCATUS IN OMNIBUS ANGULIS MUNDI

In jedem Winkel der Welt ein Advokat. Die etwas andere Juristenbibel.

Bibliografische Information der Deutschen Nationalbibliothek:
Die Deutsche Nationalbibliothek verzeichnet diese Publikation
in der Deutschen Nationalbibliografie; detaillierte bibliografische Daten sind im Internet über http://dnb.dnb.de abrufbar.

Verlag: BoD · Books on Demand GmbH, Überseering 33,
22297 Hamburg, bod@bod.de

Druck: Libri Plureos GmbH, Friedensallee 273, 22763 Hamburg

ISBN: 978-3-7597-7559-7

Inhalt

VORWORT

Recht und Gerechtigkeit – zwei Begriffe, die in den Gerichtssälen dieser Welt tagtäglich aufeinandertreffen. Doch während das Recht meist nüchtern, sachlich und streng erscheint, hält die Justiz bei genauerem Hinsehen so manche überraschende, kuriose und bisweilen skurrile Geschichte bereit.

Dieses Buch lädt Sie auf eine Reise durch die Abgründe, Absurditäten und Anekdoten der weltweiten Gerichtsbarkeit ein. Sie werden staunen über uralte Gesetze, die nie aufgehoben wurden – etwa das Verbot, in bestimmten Gegenden mit einer Ente unter dem Arm ins Gericht zu gehen. Sie werden lachen über kuriose Prozesse, bei denen Tiere angeklagt wurden, und den Kopf schütteln über absurde Urteile, die trotzdem auf rechtlicher Grundlage beruhen. Gleichzeitig erfahren Sie auch faszinierende Fakten über das Funktionieren von Rechtssystemen rund um den Globus – von schockierenden Strafmaßregelungen bis hin zu besonders kreativen Urteilsbegründungen.

Dieses Buch will nicht urteilen, sondern unterhalten und zum Nachdenken anregen. Es zeigt, wie facettenreich, kulturell unterschiedlich – und manchmal einfach nur menschlich – Justiz sein kann.

Möge es Ihnen ein schmunzelndes Aha und ein augenzwinkerndes „Das gibt's doch nicht!" entlocken.

Viel Vergnügen bei der Lektüre!

Rund 421.000 Erwerbstätige mit einem Jura-Abschluss waren 2023 laut Mikrozensus in Deutschland tätig. Allerdings sind nur rund 60 Prozent der Menschen, die einmal Jura studiert haben, aktuell mit juristischen Aufgabenstellungen betraut. Rund 165.800 niedergelassene Rechtsanwälte und Rechtsanwältinnen gibt es in der Bundesrepublik Deutschland. Im Jahresdurchschnitt 2024 waren 4.600 Juristen arbeitslos gemeldet.

Gesetze und Verordnungen

⚖ In § 87 Abs. 3 der Strafprozessordnung heißt es: "Zur Besichtigung oder Öffnung einer schon beerdigten Leiche ist ihre Ausgrabung statthaft."

⚖ Gemäß § 27 VI StVO darf auf Brücken (in Deutschland) nicht im Gleichschritt marschiert werden. – Hintergrund dafür ist, dass man Resonanzschwingungen und damit einen möglichen Einsturz vermeiden möchte.

⚖ Nackt Autofahren ist in Deutschland nicht verboten, Aussteigen allerdings schon. Denn das zählt als Belästigung und wird mit 40 € Bußgeld bestraft.

⚖ Laut Straßenverkehrsordnung dürfen blinde Menschen auf Einwohnerparkplätzen und im eingeschränkten Halteverbot bis zu drei Stunden parken. Einen Führerschein haben Menschen mit dieser Behinderung sicherlich nicht.

⚖ Wenn man auf der Arbeit einschläft und sich deshalb verletzt, etwa weil man vom Stuhl fällt, gilt dies als Arbeitsunfall.

⚖ Das Schwimmen im Abwasserkanal ist verboten. – wer das trotzdem möchte, braucht eine Sondererlaubnis.

⚖ Es ist laut Gesetz verboten, eine Atombombe oder andere nukleare Waffen zu zünden. Bis zu 5 Jahre muss man sonst ins Gefängnis.

⚖ § 1314 Abs. 2 Nr. 1 Bürgerliches Gesetzbuch (BGB). Nach dieser Regelung kann eine Ehe u.a. aufgehoben werden, wenn "ein Ehegatte sich bei der Eheschließung im Zustand der Bewusstlosigkeit (...) befand;"

Wellenhofer schreibt dazu im Münchener Kommentar zum BGB (6. Auflage 2013; § 1314 Rn. 6):

"Welche Sachverhalte man sich unter Bewusstlosigkeit vorstellen soll, bleibt im Dunkeln. Vielleicht mag Hypnose in Betracht kommen; (...)".

⚖ Das Waschen des Autos ist auf unbefestigtem Grund verboten. Denn sonst können die Chemikalien der

Reinigungsmittel frei in den Boden sickern. Das Waschen in der Garage oder einem betonierten Grund, ohne Abfluss ist gestattet.

⚖ In Nordrhein-Westfalen gilt: Stirbt ein Beamter auf einer Dienstreise, dann gilt diese als beendet.

⚖ Kommt es zu einer nicht einvernehmlichen Kissenschlacht, kann der Schlag damit als Waffe zählen. Wichtig ist, wie das Opfer die Situation wahrnimmt.

⚖ § 23 der Straßenverkehrsordnung (StVO) verpflichtet Fahrer, stets Treibstoff mitzuführen. Ein leerer Tank gilt nicht als Bagatelle: Wer trotz Warnsignalen weiterfährt, riskiert rechtliche Konsequenzen (70 Euro und 1 Punkt in Flensburg), da dies als grobe Fahrlässigkeit gewertet werden kann.

⚖ Wird der Bienenschwarm nicht von seinem Besitzer oder seiner Besitzerin verfolgt, so gilt er als herrenlos. Beim Verfolgen des Schwarms dürfen deren Eigentümer fremde Grundstücke betreten.

⚖ § 919 Abs. 1 BGB ist eine grammatische Fehlleistung. Darin heißt es: „Der Eigentümer eines Grundstücks kann von dem Eigentümer eines Nachbargrundstücks verlangen, dass dieser zur Errichtung fester Grenzzeichen und, wenn ein Grenzzeichen verrückt oder unkenntlich geworden ist, zur Wiederherstellung mitwirkt."

⚖ Die sprachliche „Glanzleistung" ist § 923 Abs. 3 BGB, der einen Reim enthält:

"Diese Vorschriften gelten auch
für einen auf der Grenze stehenden Strauch."

⚖ Ein Gesetz von 1896 besagt, dass ein Fußballfeld grundsätzlich Baum-frei sein muss.

⚖ § 30 Abs. 1 S. 3 der StVO:
"Unnützes Hin- und Herfahren ist innerhalb geschlossener Ortschaften verboten, wenn Andere dadurch belästigt werden."
Innerorts darf man also unnütz hin- und herfahren, wenn man dadurch niemanden belästigt. Außerhalb geschlossener Ortschaften kann man sogar unnütz hin- und herfahren, wenn man dadurch Andere stört.

⚖ In Mecklenburg-Vorpommern gibt es ein Landesseilbahngesetz. In dem Bundesland gibt es allerdings keine Seilbahn.

⚖ In Bad-Sooden-Allendorf, auch in Hessen, darf man nur Sonnenschirme benutzen, die beige-, pastell- oder sandfarben sind. Wer die Kleinstadtidylle mit farbigen oder schwarzen Sonnenschirmen verschandelt, muss ein Bußgeld bezahlen.

⚖ In der Stadt Freiburg ist es illegal, auf einem Bürgersteig zu tanzen. Die Stadt möchte wohl sicherstellen, dass die Bürgersteige für Fußgänger frei bleiben.

⚖ § 10 Abs. 1 GemO BW, § 21 Abs. 1 GO NRW):
"Einwohner der Gemeinde ist, wer in der Gemeinde wohnt."

⚖ § 28 der StVO legt fest, dass für Reiter und Viehtreiber die "für den gesamten Fahrverkehr einheitlich bestehenden Verkehrsregeln und Anordnungen" gelten. Dazu gehört zum

Beispiel eine ausreichende Beleuchtung am Anfang und Ende einer Viehherde. Da auch Pferde als Verkehrsteilnehmer geltend, findet §17 der Straßenverkehrsordnung Anwendung. So gelten eine Beleuchtungspflicht und ein Verbot der Benutzung von Rad- und Gehwegen, wenn dies nicht ausdrücklich erlaubt ist.

⚖️ § 4 Abs. 4 der San-José-Schildlaus-Bekämpfungsverordnung (SJSchildlV):

"Eine Pflanze gilt als befallen, wenn sich an ihr mindestens eine San-José-Schildlaus befindet, die nicht nachweislich tot ist." Diese Tiere sind etwa 0,2 bis 2 mm groß. Wie man den Tod nachweist, erklärt das Gesetz nicht.

USA

In den USA gibt es etwa 1,3 Millionen zugelassene Anwälte. Diese Zahl umfasst sowohl angestellte Anwälte in Kanzleien als auch selbstständige Anwälte. Die Arbeitslosenquote unter Rechtsanwälten in den USA ist relativ niedrig, da Anwälte in der Regel gut geschützt sind und hohe Nachfrage nach ihren Dienstleistungen besteht.

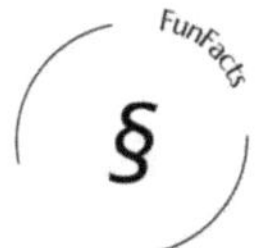

Gesetze & Verordnungen

⚖️ Im Staat Washington ist es unter allen Umständen verboten, mit einer Jungfrau Sex zu haben. Das Gesetz schließt auch die Hochzeitsnacht mit ein. (Also, wenn man mit einer Jungfrau keinen Sex haben darf, werden diese nie Sex haben. Und wenn dieses Gesetz streng befolgt wird, gibt es nach ein paar Jahren nur noch Jungfrauen und dementsprechend keinen Sex. Dann müsste man also Nicht-Jungfrauen aus anderen Bundesstaaten übersiedeln. Ist das nicht alles sehr hinderlich? Oder ist hier das Sternzeichen gemeint?)

⚖️ Nach einer Verordnung in Texas dürfen nur solche Personen barfuß gehen, die vorher eine besondere Erlaubnis für fünf Dollar gekauft haben.

⚖️ Sylvester macht in Borger, Texas, nicht ganz so viel Spaß, denn folgende Dinge dürfen nicht geworfen werden: Konfetti, Gummibälle, Feuerwerkskörper, Staubwedel und Peitschen.

⚖️ Wer sonntags in Province, Rhode Island, etwas für seine Mundhygiene machen will, hat es nicht leicht: Es ist gesetzlich untersagt, Zahnbürste und Zahnpasta an denselben Kunden zu verkaufen.

⚖️ In Greene, NY, ist es verboten, die Straßen rückwärts entlang zu gehen und Erdnüsse zu essen, wenn ein Konzert stattfindet.

⚖️ In Racine, Wisconsin ist es von Vorteil, wenn ein Feuer tagsüber ausbricht, denn es ist illegal, einen schlafenden Feuerwehrmann aufzuwecken.

⚖️ Im Jahre 1659 wurde in Massachusetts Weihnachten als ungesetzlich erklärt.

⚖️ Bevor nicht alle Fenster verschlossen und sicher verriegelt sind, ist in Massachusetts das Schnarchen strengstens verboten.

⚖️ In der Stadt Newcastle, Wyoming, gibt es nur "heißen Sex", denn es ist Paaren untersagt, in einem Kühlhaus Liebe zu machen.

⚖️ Die Gesetze verbieten es in Omaha, Nebraska, den Friseuren, einem Mann die Brust zu rasieren.

⚖️ Im Staat New Hampshire ist es verboten, in einem Café, einer Kneipe oder in einem Restaurant im Takte der Musik mit dem Kopf zu nicken, mit den Füßen zu klopfen oder der Musik sonst in irgendeiner Weise Aufmerksamkeit zu widmen.

⚖️ In der Stadt Alexandria, Minnesota, hat die Frau noch die absolute Gewalt über den Mann: Es darf kein Mann mit seiner Frau schlafen, wenn er aus dem Mund nach Knoblauch, Zwiebeln oder Sardinien riecht. Wenn seine Frau es verlangt, zwingt ihn das Gesetz, sich die Zähne zu putzen.

⚖️ Das Lesen von Zeitschriften und Büchern nach 20.00 Uhr abends ist in den Straßen von Southbridge,

Massachusetts, verboten. (Wer also richtig rebellieren will, läuft um halb neun lesend mit einer Hemingway-Ausgabe durch die Straßen!)

⚖️ Ein Gesetz des Staates Massachusetts verbietet es, die Füße zwecks Abkühlung aus dem Fenster hängen zu lassen.

⚖️ Es ist verboten, in Jonesbora, Georgia, die Worte ´Oh, Boy` auszusprechen.

⚖️ In Lexington, Kentucky, ist es illegal, Eiscremehörnchen in der Hosentasche zu transportieren.

⚖️ In Oblong, Illinois, steht es unter Strafe, am Hochzeitstag mit seiner Frau zu schlafen, wenn man sich dabei auf einem Jagd- oder Angelausflug befindet.

⚖️ Ein Gesetz in Fort Madison, Iowa, legt fest, dass die Feuerwehr erst 15 Minuten die Brandbekämpfung üben muss, bis sie zu einem Einsatz ausrücken darf.

⚖️ In Hawaii ist es verboten, sich einen Penny in das Ohr zu stecken.

⚖️ Menschen, die dermaßen krank, mutiert oder deformiert sind, dass sie als unansehnliche oder ekelerregende Objekte bezeichnet werden können, dürfen in Chicago nicht ihre Wohnung verlassen.

⚖️ In Florida wird man bestraft, wenn man in aller Öffentlichkeit an einem Donnerstag nach 18 Uhr einen Furz entweichen lässt.

⚖️ In Vermont wird per Gesetz verboten, was wahrscheinlich eh kein Mensch schaffen würde: Unter Wasser zu pfeifen.

⚖️ Ein Gesetz des Staates Iowa verbietet es jedem Etablissement, für ein Konzert eines einarmigen Pianisten Eintritt zu kassieren.

⚖️ Es ist Piloten in Colombia, Pennsylvania, verboten, weiblichen Flugschülerinnen mit einem Staubwedel unterm Kinn zu streicheln, um ihre Aufmerksamkeit zu erregen.

⚖️ In Albany, New York, darf in den Straßen kein Golf gespielt werden.

⚖️ Eine alte Verordnung des Staates Massachusetts erklärt alle Spitzbärte für illegal, es sei denn, der Träger bezahlt eine "Spitzbart-Tragegebühr".

⚖️ Sex im Auto in Coer d´ Arlene, Idaho, kann problemlos vollzogen werden, denn sich dem Auto nähernde Polizisten werden aufgefordert, hinter dem Wagen zu parken, dreimal auf die Hupe zu drücken und dann anschließend zwei Minuten zu warten, ehe sie sich dem Wagen nähern dürfen.

⚖️ Wer in Denver, Colorado, seinen Staubsauger an die Nachbarn verleiht, verstößt gegen das Gesetz.

⚖️ Im Abschnitt 363 der Stadtverordnung von Harthohome City, Oklahoma, wird es als illegal erklärt, eine hypnotisierte Person in einem Schaufenster abzustellen.

⚖ Ein Gesetz in Massachusetts verbietet es Trauernden, während der Totenwache nicht mehr als drei Sandwiches zu essen. (Seitdem gibt es bei Trauerfeiern den obligatorischen "Bienenstich" und "Streuselkuchen")

⚖ In Las Vegas ist es verboten, Zahnprothesen zu verpfänden.

⚖ Pfarrern ist es in Nicholas County, West Virginia, gesetzlich untersagt, von der Kanzel aus Witze zu erzählen.

⚖ In Ventura County, Kalifornien, ist es Hunden und Katzen verboten, ohne vorherige Erlaubnis miteinander Sex zu haben.

⚖ Das Wässern eines Rasens während eines Regenschauers ist in Holyoke, Massachusetts, nicht gestattet.

⚖ In Salem, Massachusetts, dürfen selbst verheiratete Paare nicht nackt in einem gemieteten Raum schlafen.

⚖ Das Niesen ist in den Straßen von Ashville, North Carolina, nicht erlaubt.

⚖ Wer in den Straßen von Little Rock, Akansas, fröhlich vor sich hin flirtet, muss mit einer Haftstrafe von 30 Tagen rechnen.

⚖ Die Gesetze in Ames, Iowa gestatten es einem Ehemann nicht, nach dem Sex mehr als drei Schluck Bier zu sich zu nehmen, wenn er seine Ehefrau im Arm hält oder neben ihr im Bett liegt.

⚖ In Clawson, Michigan, existiert ein Gesetz, das es den Bauern erlaubt, mit ihren Schweinen, Kühen, Pferden, Ziegen oder Hühnern Geschlechtsverkehr zu haben.

⚖ Ein Gesetz in Portsmouth, Ohio, stellt Baseballspiele auf die gleiche Stufe wie Stadtstreicher, Diebe und andere zwielichtige Gestalten.

⚖ In Sioux Falls, South Dakota, muss jedes Hotelzimmer mit zwei Betten ausgestattet sein. Es ist vorgeschrieben, dass zwischen den Betten mindestens ein Abstand von zwei Fuß bestehen muss, wenn ein Paar einen Raum für nur eine Nacht mietet. Es ist weiterhin untersagt, auf den Boden zwischen den Betten Geschlechtsverkehr zu haben.

⚖ In Datona Beach, Florida, verbietet es der Gesetzgeber, öffentliche Mülleimer (!!) sexuell zu belästigen.

⚖ Mäuse haben in Fairbanks, Alaska, ein hartes Leben zu fristen: Es ist ihnen gesetzlich untersagt, auf den Bürgersteigen der Stadt der geschlechtlichen Liebe nachzugehen.

⚖ In Florida scheinen die Menschen ein sehr langweiliges Sexualleben zu haben, denn nur die Missionarsstellung ist erlaubt, jede andere sexuelle Stellung ist verboten. Auch darf man keinen Oralverkehr ausüben und die Brüste seiner Frau nicht küssen.

⚖ In der Kleinstadt Connorsville in Wisconsin ist es illegal, wenn ein Mann einen Schuss aus seinem Gewehr abfeuert, während seine Frau einen Orgasmus hat

⚖ Taxifahrern in Massachusetts ist es nicht erlaubt, während ihres Dienstes auf den Vordersitzen Sex zu haben.

⚖ In Willowdale, Oregon, ist es ungesetzlich, wenn der Ehemann während des Geschlechtsverkehrs flucht oder seiner Frau Obszönitäten ins Ohr flüstert.

⚖ In Georgia ist es nicht erlaubt, einem Gottesdienst ohne ein geladenes Gewehr beizuwohnen.
Gut hörbar rückwärts im Hexadezimalsystem zu zählen, ist in Cupertino, Kalifornien illegal

⚖ Monstern ist es in Urbana, Illinois verboten, das Stadtgebiet zu betreten.

WARUM SIND ANWÄLTE GUTE GESCHICHTENERZÄHLER?

ANTWORT: WEIL SIE IN DER LAGE SIND, EINE AUSSAGE SO ZU FORMULIEREN, DASS SIE SOWOHL FÜR DIE ANKLAGE ALS AUCH FÜR DIE VERTEIDIGUNG GLAUBWÜRDIG ERSCHEINT.

ENGLAND

Laut der Solicitors Regulation Authority (SRA) gibt es derzeit 167.034 praktizierende Anwälte in England und Wales. Die Gesamtzahl der Anwälte auf der Liste betrug Ende Dezember 2024 207.902.

§ Gesetze und Verordnungen

⚖ In Maldon, Essex und Northumbria ist es verboten, einen Wurm als Angelköder auszugraben.

⚖ In Cambridge ist das Tennisspiel auf den Straßen verboten.

⚖ Jeder Londoner Taxifahrer ist per Gesetz dazu verpflichtet, einen Heuballen im Kofferraum mitzuführen.

⚖️ In London ist es illegal, Ehefrauen nach 21 Uhr zu schlagen.

⚖️ Frauen ist es verboten, in öffentlichen Verkehrsmitteln Schokolade zu essen.

⚖️ Den Bürgern von York ist es immer noch erlaubt, nach Sonnenuntergang und innerhalb der Stadtmauern einen Schotten mit Pfeil und Bogen zu erschießen.

⚖️ Für den Fall, dass das Ungeheuer von Loch Ness existiert, wurde es gesetzlich unter Naturschutz gestellt.

⚖️ Eine Briefmarke, die die Königin oder den König abbildet, darf nicht kopfüber aufgeklebt werden.

Britischer Humor

Why did the judge bring a pencil to court?

Answer: In case he needed to draw a conclusion.

RUSSLAND

In Russland gibt es etwa 300.000 Anwälte. Auf einen Anwalt kommen in Russland 390 Einwohner Die Anwaltschaft in Russland hat sich in den letzten Jahrzehnten stark verändert und wächst weiter. Sie ist einer der zahlenstärksten Berufsverbände in Russland und verfügt über ein hohes Maß an Autonomie.

Gesetze und Verordnungen

Das russische Parlament verabschiedete 2000 ein Gesetz, welches Haustierbesitzern verbietet, ihre Lieblinge zu essen.

Seit 1993 ist es verboten, Bienen und Wespen zu töten – außer in Notwehr.

Das Fluchen und Benutzen von Schimpfworten ist in russischen Medien per Gesetz verboten und kostet umgerechnet bis zu 5000 Euro Strafe.

Das Frauenwahlrecht in Russland wurde 1917 eingeführt. Damit gehört Russland zu den ersten 6 Ländern, in denen Frauen wählen durften. Nebenbei, Deutschland folgte ein Jahr später.

Russischer Humor

Warum sind Anwälte so erfolgreiche Schachspieler?

Antwort: Weil sie wissen, wie man die Regeln umgeht!

AUSTRALIEN

Das australische Rechtssystem ist gut etabliert und umfasst eine Vielzahl von Gesetzen und Vorschriften. In Australien gibt es etwa 90.000 registrierte Anwältinnen und Anwälte. Die meisten Anwälte in Australien waren weiblich (55 %). Die meisten von ihnen arbeiten in Anwaltskanzleien, Unternehmen oder Regierungsbehörden.

Interessanterweise gibt es in Australien zwei Haupttypen von Anwälten: **Solicitors** und **Barristers**. Solicitors kümmern sich in der Regel um die direkte Beratung und Vertretung von Mandanten, während Barristers hauptsächlich vor Gericht auftreten.

Gesetze & Verordnungen

⚖️ In Victoria, Australien, ist es nur staatlich lizenzierten Elektrikern erlaubt, eine Glühbirne zu wechseln.

⚖️ Sex mit Kängurus ist nur erlaubt, wenn der Mensch betrunken ist. Wahrscheinlich sturzbetrunken. Und auch Gehwege dürfen Australier nicht so begehen, wie ihnen gerade der Sinn steht: Hier herrscht ebenfalls Linksverkehr, so dass sich der Passant auf dem Fußweg gefälligst links zu halten hat.

⚖️ Sollte jemand in die Verlegenheit kommen, ein Bündel Heu in einem Kofferraum transportieren zu wollen: Dafür muss er ein Taxi nehmen. Während ein Reiter selbst an der Bar sitzt müssen Barbetreiber die Pferde ihrer Kunden unterstellen, füttern und mit Wasser versorgen.

⚖️ Es ist verboten, auf offener Straße schwarze Kleidung und Filzschuhe zu tragen und sich dabei schwarze Schuhpaste ins Gesicht zu schmieren. Man könnte ein Katzendieb sein!

⚖️ Kinder dürfen keine Zigaretten kaufen – rauchen dürfen sie diese allerdings schon.

⚖️ Es ist illegal jemandem Tarot-Karten zu legen, da dies als Hexerei ausgelegt werden kann.

⚖️ Singt man ein obszönes Lied, darf einen niemand dabei hören.

FRANKREICH

In Frankreich gibt es über 68.000 zugelassene Rechtsanwälte. Diese Anwälte sind in 179 Rechtsanwaltskammern organisiert, die sich über das ganze Land verteilen.
Die größten und bedeutendsten Kammern befinden sich in Städten wie Paris, Lyon, Bordeaux, Marseille, Lille, Toulouse und Straßburg.

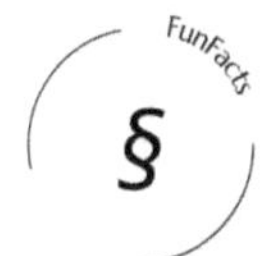

Gesetze und Verordnungen

In Frankreich ist es gesetzlich verboten, einem Schwein den Namen »Napoleon« zu geben.

Dem sog. trêve hivernale zufolge dürfen Hausbesitzer ihre Mieter zwischen dem 1. November und dem 31. März nicht aus dem Haus werfen. Auch dann nicht, wenn ihnen illegale Untervermietung oder Mietrückstand vorgeworfen werden kann oder gar ein Räumungsverfahren läuft. Dieses französische Gesetz soll verhindern, dass Mieter in der Winterkälte auf die Straße gesetzt werden.

In Frankreich ist es verboten, sich auf Bahnübergängen zu küssen.

Dem Code du travail zufolge ist Alkohol am Arbeitsplatz streng verboten. Es sei denn, es handelt sich um „Wein, Bier, Cider oder poiré (Birnen-Cider)".

Ketchup ist aus gesundheitlichen Gründen in den Essensräumen der Schulen verboten.

Kantinen-Personal ist verpflichtet, eine Probe von allen servierten Speisen mindestens acht Tage lang aufzubewahren. Dies ist das sog. plat témoin, ein „Beweisgericht" für den Fall, dass Probleme auftreten.

Ein Rechtsanwalt und ein Arzt fahren zusammen in einem Heißluftballon und verlieren die Orientierung. Da sehen sie einen anderen Heißluftballon und rufen hinüber: „Wo sind wir?" Der andere Ballonfahrer antwortet: „Im Ballon." Da sagt der Rechtsanwalt: „Das muss ein Jurist gewesen sein – eine absolut korrekte und doch völlig unbrauchbare Antwort!"

Kanada

Facts In Kanada gibt es über 136.000 Anwälte. Das Rechtssystem in Kanada basiert größtenteils auf dem englischen Common Law, das aus der britischen Kolonialzeit stammt. In der Provinz Québec wird jedoch im Bereich des Privatrechts ein auf das römische Recht zurückgehendes Zivilrecht angewendet1. Die kanadische Verfassung besteht aus einer Reihe von Gesetzen und ungeschriebenen Traditionen, wobei das wichtigste das Verfassungsgesetz von 1982 ist.

Kanada ist föderal aufgebaut und in 10 Provinzen und 3 Territorien unterteilt. Jede Provinz und jedes Territorium hat eigene Gerichte und Rechtssysteme, die jedoch alle dem kanadischen Verfassungsrecht unterliegen.

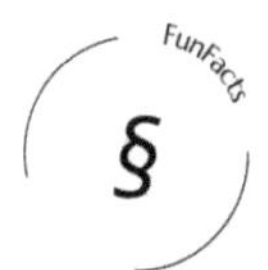

Gesetze und Verordnungen

⚖ Ihren Beitrag zum Wassersparen leistet die Provinz Nova Scotia: Hier ist es verboten, seinen Rasen zu gießen, während es regnet.

⚖ In Winnipeg ist man auch im eigenen Heim nicht frei, zu tun und zu lassen, was man will - solange die Vorhänge nicht zugezogen und die Rollläden nicht geschlossen sind. Erst wenn alle Fenster verhüllt sind, dürfen die Bürger nackt umherspringen.

⚖ In Kanada kann ein Restaurant- oder Hotelbesitzer inhaftiert werden, wenn er keine Unterkünfte für berittene Gäste vorweisen kann.

BHUTAN

Das Rechtssystem Bhutans ist vom englischen Gewohnheitsrecht und dem indischen Recht beeinflusst, wurzelt jedoch hauptsächlich im Zivilrecht, das auf dem buddhistischen Religionsrecht basiert.

Zur Justiz gehören örtliche Vorsteher. Berufungen können bei einem achtköpfigen High Court und von dort beim König eingelegt werden.

Straftäter haben keinen Anspruch auf einen vom Gericht bestellten Anwalt oder ein Schwurgerichtsverfahren. Bhutan hat relativ wenig Rechtsanwälte.

§ Gesetze und Verordnungen

⚖️ In Bhutan gilt für Männer: Kein Sex vor der Ehe! Allerdings nicht vor der eigenen Hochzeit, sondern vor der des älteren Bruders. Erst wenn der verheiratet ist, darf auch der Jüngere seine Unschuld verlieren. Und selbst wenn der kleine Bruder schon die Frau fürs Leben gefunden hat, muss er mit der Heirat warten, bis der Ältere Hochzeit gefeiert hat.

⚖️ Dienstag ist in Bhutan per Gesetz ein alkoholfreier Tag. Für 24 Stunden wird im ganzen Land kein Alkohol ausgeschenkt. Da Bhutaner aber dennoch ungerne auf ihr Bier verzichten, gibt es in ausgewählten Bars dennoch alkoholische Getränke. Nur sind diese in Teetassen zu konsumieren.

⚖️ Jeden Freitag kontrolliert die Polizei strikt die Einhaltung der Gesetze. Alkohol oder Handy am Steuer, Rauchen in der Öffentlichkeit oder Straßenüberquerung abseits der Zebrastreifen sind am Freitag absolut tabu.

⚖️ Bhutan hat für den Schutz des Yeti ein eigenes, rund 250 km² Schutzgebiet mitten im Himalaya eingerichtet. Egal, ob es ihn nun gibt oder nicht, in dieser abgelegenen, nur von halbnomadischen Yak-Hirten durchwanderten Bergregion würde sich der Yeti jedenfalls wohlfühlen.

> Ein Angeklagter steht vor dem Richter und sagt: „Herr Richter, ich habe wirklich nichts verbrochen!" Der Richter schaut ihn an und sagt: „Und warum haben Sie dann einen Anwalt?" Der Angeklagte: „Na, damit ich nicht unschuldig verurteilt werde!"

CHINA

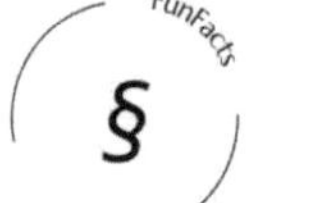

Das chinesische Rechtssystem hat sich im Laufe der Jahre stark entwickelt und umfasst heute eine Vielzahl von Gesetzen und Vorschriften. Seit den 1980er Jahren hat die Anzahl der Rechtsanwälte in China erheblich zugenommen. Im Jahr 1983 gab es etwas mehr als 2.000 Anwälte, und bis 2013 stieg diese Zahl auf über 230.000.

§ Gesetze und Verordnungen

⚖ Lehrer in Hongkong können Schülern, die während des Unterrichts schwätzen, mit einem einfachen Mittel zum Schweigen bringen: Sie dürfen ihnen Pflaster über den Mund kleben.

⚖ Kommen Sie in China besser nicht in Seenot: Hier dürfen Ertrinkende nicht gerettet werden - schließlich darf nicht in ihr Schicksal eingegriffen werden.

IRAK

Im Irak gibt es eine Vielzahl von zugelassenen Rechtsanwälten, die in verschiedenen Bereichen tätig sind.

Das irakische Rechtssystem basiert auf einer Kombination aus islamischem Recht (Scharia) und Zivilrecht. Es gibt zwei Hauptkategorien von Anwälten: Advocates und Legal Consultants.

Advocates: Diese Anwälte sind für die Vertretung vor Gericht und die Beratung in komplexen rechtlichen Angelegenheiten zuständig. Sie haben eine umfassende juristische Ausbildung und sind Mitglieder der Anwaltskammer.

Legal Consultants: Diese Anwälte sind in der Regel für die Bearbeitung von Verwaltungsangelegenheiten und die Beratung in weniger komplexen rechtlichen Angelegenheiten zuständig. Sie haben eine spezialisierte Ausbildung und sind Mitglieder der Kammer der Legal Consultants.

Das irakische Rechtssystem umfasst verschiedene Gerichtsbarkeiten, darunter Zivil-, Straf-, Verwaltungs- und Arbeitsgerichte. Die Gerichte sind hierarchisch organisiert, wobei das oberste Gericht der Oberste Gerichtshof (Supreme Judicial Council) ist

Gesetze und Verordnungen

⚖ Hier mischt sich der Gesetzgeber in den Speiseplan für Sonntage ein - Schlangen zu essen ist dann streng untersagt.

Ein Anwalt und der Papst sterben am selben Tag und kommen in den Himmel. Der Papst bekommt ein kleines Zimmer mit einem hölzernen Bett und einem einfachen Tisch. Der Anwalt hingegen erhält eine riesige Villa mit Pool und einem goldenen Bett. Verwirrt fragt der Papst Petrus: „Warum bekommt der Anwalt so eine prunkvolle Unterkunft, während ich doch mein ganzes Leben Gott gedient habe?" Petrus lächelt und sagt: „Papst, wir haben hier schon viele von deiner Sorte gehabt, aber das ist der erste Anwalt, der es in den Himmel geschafft hat!"

SINGAPUR

Das Rechtssystem Singapurs basiert auf dem Common Law und ist stark vom britischen Recht beeinflusst.

Es gibt zwei Hauptkategorien von Anwälten: Advocates und Solicitors.

Advocates: Diese Anwälte sind für die Vertretung vor Gericht und die Beratung in komplexen rechtlichen Angelegenheiten zuständig. Sie haben eine umfassende juristische Ausbildung und sind Mitglieder der Anwaltskammer.

Solicitors: Diese Anwälte sind in der Regel für die Bearbeitung von Verwaltungsangelegenheiten und die Beratung in weniger komplexen rechtlichen Angelegenheiten zuständig. Sie haben eine spezialisierte Ausbildung und sind Mitglieder der Kammer der Solicitors.

Das Rechtssystem in Singapur umfasst verschiedene Gerichtsbarkeiten, darunter Zivil-, Straf-, Verwaltungs- und Arbeitsgerichte. Die Gerichte sind hierarchisch organisiert, wobei das oberste Gericht der Oberste Gerichtshof (Supreme Court) ist

Ein Anwalt, ein Arzt und ein Buchhalter streiten sich, welches der älteste Beruf der Welt ist. Der Arzt sagt: „Die Medizin ist der älteste Beruf, denn Gott erschuf Eva aus Adams Rippe." Der Anwalt sagt: „Nein, die Rechtswissenschaft ist der älteste Beruf, denn vor der Erschaffung von Eva gab es das Chaos, und nur ein Anwalt kann aus Chaos Ordnung schaffen." Der Buchhalter lächelt und sagt: „Und wer hat deiner Meinung nach das Chaos geschaffen?"

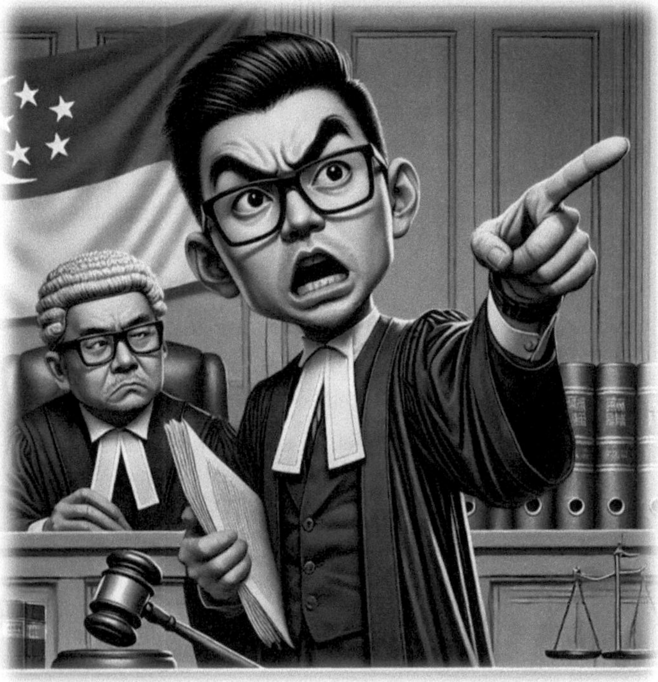

§ FunFacts

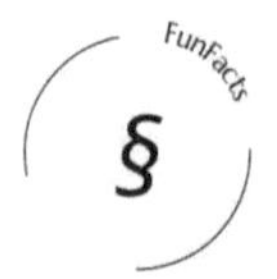

Gesetze und Verordnungen

⚖ Nicht nur Kaugummis sind quasi verboten und nur zuckerfrei und zu therapeutischen Zwecken in Apotheken zu haben.

⚖ Strikt untersagt ist es, in Fahrstühle zu urinieren - wer nicht an sich halten kann, wird um bis zu 5000 US-Dollar erleichtert.

USBEKISTAN

Das Rechtssystem in Usbekistan basiert auf der Verfassung der Republik Usbekistan, die 1992 verabschiedet wurde. In den letzten Jahren hat das Land eine Reihe von Verfassungsänderungen durchlaufen, die darauf abzielen, die Macht des Präsidenten zu festigen und die Rechtsgrundlage für die staatliche Entwicklung zu modernisieren

Beispielfoto für einen Rechtsanwalt in Usbekistan

§ Gesetze und Verordnungen

Den usbekischen Behörden ist die Wahrung der Moral wichtig - so wichtig, dass sie ein moralgefährdendes Spiel gleich ganz verbieten: Billardspielen. Pech für die nationale Billardmannschaft, die nun weder üben noch an internationalen Wettbewerben teilnehmen darf.

URUGUAY

Das Rechtssystem in Uruguay basiert auf dem kontinentalen Rechtstradition. Die Verfassung von 1967, die mehrmals geändert wurde, bildet die Grundlage für das öffentliche Recht. Private Beziehungen werden durch den Uruguayischen Zivilcode geregelt, der erstmals 1868 veröffentlicht wurde.

Rechtsanwalt in Uruguay

§ Gesetze und Verordnungen

⚖ Im südamerikanischen Uruguay sind Duelle eigentlich verboten - außer, beide Duellanten sind Blutspender. Sollte sich aber jemand an einem Rivalen rächen wollen, der ihn verleumdet hat, muss er nicht gleich zur Waffe greifen: Wer andere schlecht macht, kann dazu verurteilt werden, ein Jahr lang zu einer bestimmten Uhrzeit auf einem öffentlichen Platz erscheinen zu müssen, wo ihm sein Opfer und auch dessen Angehörige seine Sünden lautstark vorhalten können. Nach zwölf Monaten ist es dann aber wieder gut.

⚖️ Uruguay war das erste Land der Welt, das den medizinischen und den Freizeitkonsum von Cannabis legalisierte. Das Gesetz erlaubt es Erwachsenen ab 18 Jahren, bis zu 10 Gramm pro Woche in ihrer Apotheke zu kaufen.

⚖️ Wer in Uruguay seinen Ehepartner betrügt, ist per Gesetz „Freiwild". Der Betrogene darf dann eigenständig die Bestrafung wählen.

SCHWEIZ

Das Schweizer Rechtssystem ist gut etabliert und umfasst eine Vielzahl von Gesetzen und Vorschriften. In der Schweiz gibt es etwa 15.000 registrierte Anwältinnen und Anwälte. Die meisten von ihnen arbeiten in Advokaturbüros, Notariaten und Gerichten.

Interessanterweise ist die Anwaltsdichte in der Schweiz im internationalen Vergleich relativ hoch. Es gibt etwa 848 Einwohner pro Rechtsanwältin oder Rechtsanwalt

Gesetze und Verordnungen

⚖️ Du darfst keine Freunde einladen, wenn du deine Katze zum Abendessen servierst

⚖️ In Etagenwohnungen darf nach 22 Uhr die Klospülung nicht mehr betätigt werden

⚖️ In der Region Appenzell Innerrhoden sind Nacktwanderungen leider nicht erlaubt

⚖️ Du darfst keine Gedichte während der Skiabfahrt aufsagen.

⚖️ Es ist verboten, Autos umzuparken, ohne vorher am Verkehr teilgenommen zu haben.

⚖️ Lamas dürfen nicht alleine gehalten werden.

⚖️ Im Kanton Neuenburg sind Bier Pong und alle weiteren Trinkspiele verboten.

⚖️ Fahrradfahrer dürfen die Füße nicht von den Pedalen nehmen

⚖️ In Urdorf darf bei Hochzeiten nicht geschossen werden.

⚖️ Unnötiges Abhängen in Basler Tiefgaragen ist nicht gestattet

⚖️ Zürcher Angler dürfen keine Fotos mit ihrem Fang machen und ihn dann wieder freilassen

SPANIEN

 Spanien hat eine hohe Anzahl von Rechtsanwäl-
ten. Es gibt über 150.000 zugelassene Anwälte im
Land.

Rechtssystem: Das spanische Rechtssystem basiert auf dem kontinentaleuropäischen Modell, das eine Trennung von öffentlichem und privatem Recht vorsieht. Es umfasst verschiedene Bereiche wie Verfassungsrecht, Strafrecht, Verwaltungsrecht, Steuerrecht, Zivilrecht, Handelsrecht, Sozialrecht und Prozessrecht.

Gerichtsorganisation: Die Gerichtsorganisation in Spanien ist hierarchisch aufgebaut und umfasst verschiedene Gerichtsbarkeiten, die sich nach Zuständigkeitsbereichen unterscheiden. Es gibt ordentliche Gerichte, die durch das Organgesetz über die rechtsprechende Gewalt geregelt sind.

Rechtsanwaltskammern: Jeder Rechtsanwalt in Spanien muss Mitglied einer Rechtsanwaltskammer sein. Diese Kammern sind für die Zulassung und Regulierung der Anwälte zuständig.

Das spanische Rechtssystem ist darauf ausgelegt, Gerechtigkeit und Rechtsstaatlichkeit zu gewährleisten.

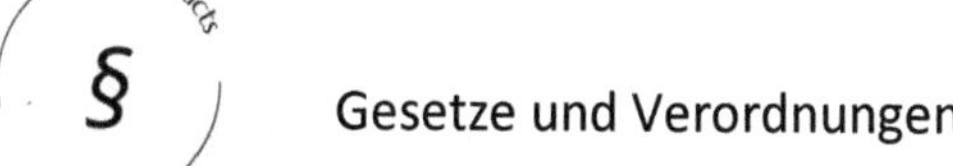

Gesetze und Verordnungen

⚖️ Sonnenschirme am Strand: In einigen Küstenstädten wie Cullera und Benidorm kann es eine Geldstrafe von bis zu 3.000 Euro geben, wenn man seinen Sonnenschirm vor Sonnenaufgang aufstellt, um den besten Platz am Strand zu sichern.

⚖️ Verbotene Namen für Kinder: Namen wie Judas oder Hitler sind in Spanien nicht erlaubt. Es gibt rechtliche Einschränkungen für die Namen, die Kindern gegeben werden dürfen.

⚖️ Müll durchwühlen: In Sevilla kann das Durchsuchen von Müll eine Strafe von 750 Euro nach sich ziehen.

⚖️ Schlafen im Auto: In Städten wie Bilbao und Vélez-Málaga ist es verboten, zwischen 21:00 und 9:00 Uhr im Auto zu schlafen.

⚖️ Wenn am Strand weit und breit keine Toilette zu finden sind, springen viele Badegäste einfach schnell ins Meer, um ihre Blase zu entleeren. An den Stränden von Vigo in Spanien ist das allerdings keine gute Idee – wer dabei erwischt wird, muss 750 Euro Strafe zahlen.

⚖ Prüfung für Straßenmusiker: In Madrid müssen Straßenmusiker einen Eignungstest bestehen, um eine Genehmigung zu erhalten.

⚖ Nicht rennen, nicht springen, nicht skaten: In verschiedenen Städten, einschließlich Mojácar und Madrid, sind Aktivitäten wie Laufen, Springen und Skaten auf Straßen oder in Wohngebieten verboten.

⚖ Sex im Auto: In einigen Städten wie Barcelona und Málaga kann Sex im Auto als Straftatbestand des Exhibitionismus und der sexuellen Provokation angesehen werden.

> Ein Anwalt stirbt und steht vor dem Himmelstor.
>
> Petrus schaut in sein Buch und sagt: „Hier muss ein Fehler sein. Sie sind doch viel zu jung, um zu sterben. Laut unseren Aufzeichnungen sind Sie erst 45 Jahre alt."
>
> Der Anwalt antwortet: „Nein, laut meiner Stundenabrechnung bin ich 85!"

ITALIEN

Facts Italien hat über 240.000 zugelassene Rechtsanwälte.

Rechtssystem: Das italienische Rechtssystem basiert auf der Verfassung von 1948 und ist stark von der kontinentaleuropäischen Rechtstradition geprägt. Es umfasst verschiedene Rechtsquellen wie Gesetze, Verordnungen und Gewohnheitsrecht.

Gerichtsorganisation: Italien hat eine hierarchische Gerichtsstruktur, die aus verschiedenen Gerichtsbarkeiten besteht, darunter Friedensgerichte, ordentliche Gerichte, Berufungsgerichte und der Kassationsgerichtshof.

Rechtsanwaltskammern: Jeder Rechtsanwalt in Italien muss Mitglied einer Rechtsanwaltskammer sein. Diese Kammern sind für die Zulassung und Regulierung der Anwälte zuständig.

§ FunFacts — Gesetze und Verordnungen

⚖️ Küssen im Auto verboten: In Eboli, in der Provinz Salerno, ist es verboten, eine andere Person zu küssen, während man im Auto sitzt. Bei Missachtung droht ein Bußgeld von 500 Euro.

⚖️ Badekleidung in der Öffentlichkeit: Im ligurischen Lerici ist es ein Ärgernis, in der Öffentlichkeit in Badekleidung unterwegs zu sein.

⚖️ Sandburgen bauen verboten: In Eraclea bei Venedig ist es verboten, Sandburgen zu bauen.

⚖️ Kaugummi am Strand: Am Strand von Stintino in Sardinien wird das Kaugummikauen mit einer Strafe von 25 bis 500 Euro geahndet.

⚖️ Essen im Freien: In Rimini und Rom ist der Verzehr von Eis, Brot und Pizza auf offener Straße verboten.

⚖️ Sitzen auf historischen Bauwerken: In Mailand ist es verboten, sich auf Teilen historischer Bauwerke niederzulassen. Das kann 160 Euro kosten.

⚖️ Tierschutz: In Turin sind Hundebesitzer verpflichtet, ihren Vierbeiner dreimal am Tag auszuführen.

KROATIEN

 Es gibt zwei Hauptkategorien von Anwälten: Odvjetnici (Rechtsanwälte) und Notari (Notare).

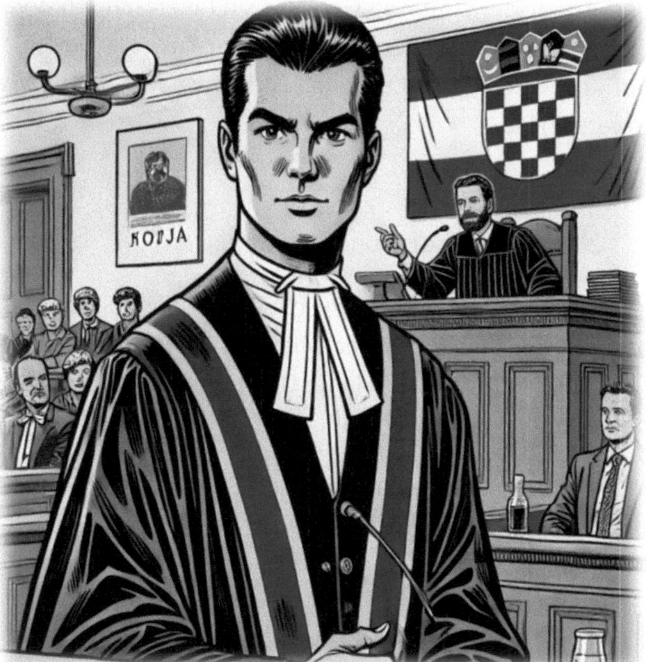

Odvjetnici: Diese Anwälte sind für die Vertretung vor Gericht und die Beratung in komplexen rechtlichen Angelegenheiten zuständig. Sie haben eine umfassende juristische Ausbildung und sind Mitglieder der Anwaltskammer (Hrvatska odvjetnička komora).

Notari: Diese Anwälte sind in der Regel für die Bearbeitung von Verwaltungsangelegenheiten und die Beglaubigung von Dokumenten zuständig. Sie haben eine spezialisierte Ausbildung und sind Mitglieder der Notarkammer (Hrvatska javnobilježnička komora).

Das kroatische Rechtssystem ist in verschiedene Gerichtsbarkeiten unterteilt, darunter Zivil-, Straf-, Verwaltungs- und Arbeitsgerichte. Die Gerichte sind hierarchisch organisiert, wobei das oberste Gericht der Oberste Gerichtshof der Republik Kroatien (Vrhovni sud Republike Hrvatske) ist.

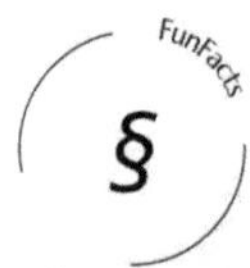

Gesetze und Verordnungen

⚖️ Verbot von lauten Geräuschen: In einigen Städten ist es verboten, während der Mittagsruhe (normalerweise von 14:00 bis 17:00 Uhr) laute Geräusche zu machen. Das schließt auch das Rasenmähen ein.

⚖️ Hundekot aufheben: In vielen Städten ist es Pflicht, den Kot deines Hundes aufzuheben. Bei Missachtung drohen hohe Geldstrafen.

⚖️ Schwimmen in Brunnen: Es ist verboten, in öffentlichen Brunnen zu schwimmen oder sich darin abzukühlen.

⚖️ Wenn du dich in der Stadt Split schlecht fühlst und dich übergeben musst, solltest du wenn möglich schnell zurück ins Hotel laufen oder dir eine öffentliche Toilette suchen. Denn wer sich in der Öffentlichkeit erbricht, muss mit einer Geldstrafe in Höhe von 300 Euro rechnen.

⚖️ Nacktbaden: Obwohl Kroatien viele FKK-Strände hat, ist es an anderen Stränden streng verboten, nackt zu baden.

INDIEN

Indien hat über 1,3 Millionen zugelassene Rechtsanwälte.

Rechtssystem: Das indische Rechtssystem basiert auf der Verfassung von 1950 und ist stark von der britischen Rechtstradition geprägt. Es umfasst verschiedene Rechtsquellen wie Gesetze, Verordnungen und Gewohnheitsrecht.

Gerichtsorganisation: Indien hat eine hierarchische Gerichtsstruktur, die aus verschiedenen Gerichtsbarkeiten besteht, darunter Friedensgerichte, ordentliche Gerichte, Berufungsgerichte und der Oberste Gerichtshof (Supreme Court of India).

Rechtsanwaltskammern: Jeder Rechtsanwalt in Indien muss Mitglied eines Bar Council sein. Diese Kammern sind für die Zulassung und Regulierung der Anwälte zuständig.

Gesetze und Verordnungen

⚖️ Öffentliches Zeigen von Zuneigung: In Indien kann das öffentliche Zeigen von Zuneigung, wie Händchenhalten oder Küssen, als unsittlich angesehen werden und zu einer Geldstrafe führen.

⚖️ Verbot von Plastiktüten: In vielen Bundesstaaten Indiens sind Plastiktüten verboten, um die Umwelt zu schützen. Bei Missachtung drohen hohe Geldstrafen.

⚖️ Alkohol in bestimmten Bundesstaaten: In einigen Bundesstaaten wie Gujarat und Bihar ist der Verkauf und Konsum von Alkohol verboten.

⚖️ Rindfleischverbot: In vielen Teilen Indiens ist der Verkauf und Konsum von Rindfleisch verboten, da Kühe als heilig gelten.

SÜDAFRIKA

Das Rechtssystem des Landes ist stark vom britischen und römisch-niederländischen Recht be einflusst. Es gibt zwei Hauptkategorien von Anwälten: Attorneys und Advocates.

Attorneys: Diese Anwälte beraten ihre Mandanten direkt und können sie vor dem Magistrates' Court und dem High Court vertreten.

Advocates: Diese Anwälte sind auf die Vertretung vor Gericht spezialisiert und werden in der Regel von einem Attorney unterstützt.

In strafrechtlichen Angelegenheiten sieht die südafrikanische Verfassung die Bereitstellung eines Pflichtverteidigers vor, abhängig von der Bedürftigkeit des Angeklagten.

In zivilrechtlichen Angelegenheiten gibt es zahlreiche Legal Aid Clinics, die rechtliche Vertretung für bedürftige Personen übernehmen.

Das Rechtssystem in Südafrika basiert sowohl auf dem Common Law als auch auf dem Civil Law. Es ist ein zentralistischer Staat, aber die neun Provinzen haben in bestimmten Bereichen die Befugnis, eigene Gesetze zu erlassen.

Gesetze und Verordnungen

⚖ In Südafrika ist es illegal, mit Bären zu ringen.

⚖ Autofahrer müssen Tieren, die die Straße überqueren, Vorfahrt gewähren. Sie dürfen nicht schneller fahren oder sie absichtlich anfahren.

⚖ In Südafrika droht eine Gefängnisstrafe, wenn man Camouflage-Kleidung trägt.

⚖ In Südafrika gibt es eine Vorschrift, die es Männern untersagt, ohne Erlaubnis eines Stammesführers eine Frau zu küssen.

PORTUGAL

Es gibt zwei Hauptkategorien von Anwälten: Advogados und Solicitadores.

Advogados: Diese Anwälte sind für die Vertretung vor Gericht und die Beratung in komplexen rechtlichen Angelegenheiten zuständig. Sie haben eine umfassende juristische Ausbildung und sind Mitglieder der Anwaltskammer (Ordem dos Advogados).

Solicitadores: Diese Anwälte sind in der Regel für die Bearbeitung von Verwaltungsangelegenheiten und die Vertretung in weniger komplexen rechtlichen Angelegenheiten zuständig. Sie haben eine spezialisierte Ausbildung und sind Mitglieder der Kammer der Solicitors (Câmara dos Solicitadores).

Das portugiesische Rechtssystem ist in verschiedene Gerichtsbarkeiten unterteilt, darunter Zivil-, Straf-, Verwaltungs- und Arbeitsgerichte. Die Gerichte sind hierarchisch organisiert, wobei das oberste Gericht der Oberste Gerichtshof (Supremo Tribunal de Justiça) ist.

§ Gesetze und Verordnungen

⚖ Hunde müssen einen Reisepass haben: Wenn du mit deinem Hund in Portugal unterwegs bist, muss er einen Reisepass haben. Dieser dient als Nachweis für Impfungen, einschließlich Tollwut.

⚖️ Kein Glücksspiel an öffentlichen Orten: Glücksspiel in öffentlichen Bereichen ist in Portugal streng verboten. Dazu gehören Kartenspiele, Würfelspiele oder jede andere Form von Wetten.

⚖️ Essen in öffentlichen Verkehrsmitteln verboten: Es ist illegal, in öffentlichen Verkehrsmitteln zu essen. Diese Regel soll die Sauberkeit und Ordnung in Bussen, Straßenbahnen und U-Bahnen gewährleisten.

⚖️ Fahren in Flip-Flops ist illegal: Das Tragen von Flip-Flops beim Autofahren ist in Portugal verboten. Dies soll die Sicherheit im Straßenverkehr erhöhen.

⚖️ Barfußgehen in kommerziellen Einrichtungen verboten: In kommerziellen Einrichtungen ist es verboten, barfuß zu gehen. Auch dies dient der Sauberkeit und Hygiene.

BULGARIEN

Es gibt zwei Hauptkategorien von Anwälten: Advokati und Notari.

Advokati: Diese Anwälte sind für die Vertretung vor Gericht und die Beratung in komplexen rechtlichen Angelegenheiten zuständig. Sie haben eine umfassende juristische Ausbildung und sind Mitglieder der Anwaltskammer (Sofia Bar Association).

Notari: Diese Anwälte sind in der Regel für die Bearbeitung von Verwaltungsangelegenheiten und die Beglaubigung von Dokumenten zuständig. Sie haben eine spezialisierte Ausbildung und sind Mitglieder der Notarkammer (Notary Chamber of Bulgaria).

Das bulgarische Rechtssystem ist in verschiedene Gerichtsbarkeiten unterteilt, darunter Zivil-, Straf-, Verwaltungs- und Arbeitsgerichte. Die Gerichte sind hierarchisch organisiert, wobei das oberste Gericht der Oberste Kassationsgerichtshof (Vurhoven kasatsionen sad) ist.

Gesetze und Verordnungen

⚖️ Verbot von lauten Schuhen: In einigen Städten Bulgariens ist es verboten, laute Schuhe zu tragen, um die Ruhe der Anwohner zu gewährleisten.

⚖️ Keine lauten Partys nach 22 Uhr: Es ist illegal, nach 22 Uhr laute Partys zu veranstalten. Diese Regel soll die Nachtruhe der Bürger schützen.

⚖️ Verbot von öffentlichen Liebesbekundungen: In bestimmten öffentlichen Bereichen ist es verboten, sich zu küssen oder andere Liebesbekundungen zu zeigen. Dies soll die öffentliche Ordnung aufrechterhalten.

⚖️ In Bulgarien muss man auf alles vorbereitet sein. So sind neben Warndreieck und Erste-Hilfe-Kasten auch ein Feuerlöscher im Auto mitzuführen.

⚖️ Für Sex am Strand bekommt man in Bulgarien lediglich eine Verwarnung. In allen anderen Ländern droht dafür eine Geld- oder sogar eine Haftstrafe.

Dubai / VAE

Das Rechtssystem der Vereinigten Arabischen Emirate (VAE), zu denen Dubai gehört, basiert auf einer Mischung aus islamischem Recht (Scharia) und Zivilrecht. Es gibt zwei Hauptkategorien von Anwälten: Advocates und Legal Consultants.

Advocates: Diese Anwälte sind für die Vertretung vor Gericht und die Beratung in komplexen rechtlichen Angelegenheiten zuständig. Sie haben eine umfassende juristische Ausbildung und sind Mitglieder der Anwaltskammer.

Legal Consultants: Diese Anwälte sind in der Regel für die Bearbeitung von Verwaltungsangelegenheiten und die Beratung in weniger komplexen rechtlichen Angelegenheiten zuständig. Sie haben eine spezialisierte Ausbildung und sind Mitglieder der Kammer der Legal Consultants.

Das Rechtssystem in Dubai ist in verschiedene Gerichtsbarkeiten unterteilt, darunter Zivil-, Straf-, Verwaltungs- und Arbeitsgerichte. Die Gerichte sind hierarchisch organisiert, wobei das oberste Gericht der Oberste Gerichtshof der VAE ist.

§ Gesetze und Verordnungen

⚖️ **Öffentliche Zuneigungsbekundungen (PDA):** In Dubai sind öffentliche Zuneigungsbekundungen wie Küssen, Umarmen oder Händchenhalten nicht erlaubt. Verstöße können zu Geldstrafen oder sogar Gefängnisstrafen führen.

⚖️ **Alkoholkonsum in der Öffentlichkeit:** Es ist illegal, in öffentlichen Bereichen wie Parks, Stränden und Straßen Alkohol zu trinken oder zu besitzen. Nur lizenzierte Einrichtungen wie Hotels, Bars und Restaurants dürfen Alkohol ausschenken.

⚖️ **Fluchen oder beleidigende Sprache:** In Dubai ist es verboten, in der Öffentlichkeit zu fluchen oder beleidigende Sprache zu verwenden. Dies gilt auch für Online-Kommunikation und soziale Medien. Verstöße können zu hohen Geldstrafen und Gefängnisstrafen führen.

⚖️ **Essen und Trinken in öffentlichen Verkehrsmitteln:** Es ist verboten, in öffentlichen Verkehrsmitteln und deren Stationen zu essen oder zu trinken. Verstöße können zu Geldstrafen führen.

ÄGYPTEN

Das ägyptische Rechtssystem basiert auf einer Kombination aus islamischem Recht (Scharia) und dem Code Napoléon. Es ist als Zivilrechtssystem ausgestaltet und basiert daher auf kodifizierten Gesetzen.

Das ägyptische Rechtssystem umfasst verschiedene Gerichtsbarkeiten, darunter Zivil-, Straf-, Verwaltungs- und Arbeitsgerichte. Die Gerichte sind hierarchisch organisiert, wobei das oberste Gericht der Oberste Gerichtshof ist. Über Verfassungsfragen entscheidet ein Verfassungsgericht.

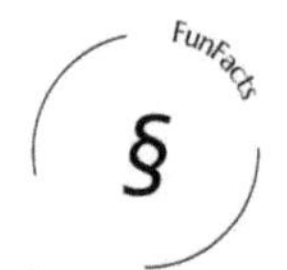

Gesetze und Verordnungen

⚖️ Verbot von Fotografien bestimmter Gebäude: Es ist verboten, Fotos von bestimmten Gebäuden und Einrichtungen zu machen. Diese Orte sind mit einem roten Punkt gekennzeichnet und sollten vermieden werden.

⚖️ Alkoholverkauf in der Nähe von religiösen Stätten: Der Verkauf von Alkohol ist in der Nähe von religiösen Stätten illegal. Obwohl der Konsum von Alkohol erlaubt ist, ist es in der Öffentlichkeit unangemessen.

⚖️ Während gelbe Warnwesten in vielen Ländern für Autofahrer Pflicht sind, ist sie in Ägypten verboten.

⚖️ Ein Gesetz im altertümlichen Ägypten besagte, dass einem Arzt beide Hände abgehackt werden müssten, wenn ein Patient während einer Operation stirbt.

GRIECHENLAND

Das griechische Rechtssystem basiert auf dem Zivilrecht und ist stark von der römisch-germanischen Rechtsfamilie beeinflusst.

Rechtsanwälte in Griechenland spielen eine zentrale Rolle im rechtlichen Leben des Landes. Sie vertreten ihre Mandanten vor den Gerichten, beraten in rechtlichen Gelegenheiten und vermitteln bei außergerichtlichen Streitigkeiten.

Gesetze und Verordnungen

⚖ High Heels in antiken Stätten: Es ist verboten, in antiken Stätten wie der Akropolis in Athen High Heels zu tragen. Dies soll verhindern, dass die empfindlichen Böden beschädigt werden.

⚖️ Videospiele in der Öffentlichkeit: Es ist illegal, in öffentlichen Plätzen, Cafés, Clubs oder Hotels mit einem Gameboy zu spielen. Bei Verstoß droht eine Haftstrafe von bis zu einem Jahr.

⚖️ Tanzen ohne Lizenz: In einigen Regionen Griechenlands ist es illegal, ohne eine spezielle Lizenz in der Öffentlichkeit zu tanzen.

SCHWEDEN

Das schwedische Rechtssystem basiert auf einer repräsentativen Demokratie und umfasst drei Gerichtsebenen: die Prozessgerichte (Tingsrätt), die Berufungsgerichte (Hovrätt) und den Obersten Gerichtshof (Högsta domstolen).
In Schweden gibt es keine anwaltliche Zulassung zu einem bestimmten Gerichtsbezirk.
Es besteht kein Anwalts- oder Notarzwang.

Das schwedische Recht hat seine Wurzeln im altgermanischen Recht und wurde im Laufe der Jahrhunderte durch verschiedene Einflüsse, darunter das römische und deutsche Recht, weiterentwickelt.

§ Gesetze und Verordnungen

⚖ Tanzverbot ohne Genehmigung: In Schweden ist es technisch gesehen illegal, in der Öffentlichkeit ohne Genehmigung zu tanzen.

⚖ Namensgesetz: Eltern dürfen ihren Kindern keine Namen geben, die als anstößig oder unangemessen angesehen werden. Namen wie "Ikea" oder "Elvis" wurden bereits abgelehnt.

⚖ Alkoholwerbung: Werbung für alkoholische Getränke ist in Schweden stark eingeschränkt. Es ist verboten,

Alkohol in einer Weise zu bewerben, die ihn als positiv oder attraktiv darstellt.

⚖️ Sonntagsruhe: Es gibt strenge Regeln zur Sonntagsruhe, die besagen, dass laute Arbeiten wie Rasenmähen oder Bohren an Sonntagen nicht erlaubt sind

⚖️ Elchjagd: In Schweden ist es gesetzlich vorgeschrieben, dass Autofahrer, die einen Elch überfahren, dies den Behörden melden müssen. Dies dient dem Schutz der Elchpopulation und der Verkehrssicherheit.

⚖️ Eislochschwimmen: In Schweden ist das Schwimmen in eisigen Gewässern eine beliebte Tradition. Es gibt jedoch keine spezifischen Gesetze, die dies regeln, außer den allgemeinen Sicherheitsvorschriften.

⚖️ Fahrradhelm: Es gibt eine Empfehlung, dass Fahrradfahrer Helme tragen sollten, aber es gibt kein Gesetz, das dies vorschreibt. Dennoch tragen viele Schweden Helme, um ihre Sicherheit zu gewährleisten.

ÖSTERREICH

In Österreich gibt es etwa 6.500 Rechtsanwälte. Das österreichische Rechtssystem ist ein demokratischer Rechtsstaat und basiert auf einer repräsentativen Demokratie. Es umfasst mehrere Gerichtsebenen:

Ordentliche Gerichtsbarkeit: Zuständig für Straf- und Zivilrecht. Dazu gehören Bezirksgerichte, Landesgerichte, Oberlandesgerichte und der Oberste Gerichtshof.

Verwaltungsgerichtsbarkeit: Zuständig für Verwaltungsrecht. Seit 2014 gibt es Landesverwaltungsgerichte, die die Länder an der Gerichtsbarkeit betelligen.

Verfassungsgerichtsbarkeit: Zuständig für Verfassungsrecht.

Das österreichische Rechtssystem ist durch eine klare
Trennung der Staatsgewalten und eine starke Betonung
der Grund- und Freiheitsrechte gekennzeichnet.

Gesetze und Verordnungen

Tempokontrolle per Augenmaß: Die Polizei darf einen
Raser über eine Strecke von mindestens 100 Metern auch
ohne technische Hilfsmittel ahnden.

Hunde- und Katzenhaltung im Burgenland: Im Burgenland darf man nur maximal vier Hunde und/oder acht Katzen halten.

Mehrwertsteuer für Minivans: Für Minivans bekommt
man die Mehrwertsteuer zurück, für Autos jedoch nicht.

Verbot von CBD in Lebensmitteln: In Österreich ist der
Verkauf von CBD-haltigen Lebensmitteln und Kosmetika
verboten.

Sprengung von toten Kühen: Bis 2001 durften tote
Kühe in Vorarlberg in die Luft gesprengt werden.

Preisobergrenze für Marillen: Es gibt eine gesetzliche
Preisobergrenze für Marillen und Trockenfrüchte.

CHILE

Das chilenische Rechtssystem basiert auf dem kontinentalen Recht und ist stark von der spanischen Rechtsordnung beeinflusst. Es gibt drei Hauptgerichtsebenen:

Erstinstanzgerichte: Diese Gerichte sind für die meisten zivil- und strafrechtlichen Fälle zuständig.

Berufungsgerichte: Diese Gerichte überprüfen die Entscheidungen der Erstinstanzgerichte.

Oberster Gerichtshof: Der Oberste Gerichtshof ist das höchste Gericht in Chile und überprüft die Entscheidungen der Berufungsgerichte.

Das chilenische Zivilgesetzbuch (Código Civil) von 1855 ist eine der frühesten und bis heute wegweisenden Kodifikationen Lateinamerikas. Es regelt das gesamte chilenische Zivilrecht und hat auch in anderen lateinamerikanischen Ländern Einfluss genommen.

§ FunFacts

Gesetze und Verordnungen

⚖️ Fahren in Flip-Flops verboten: In Chile ist es illegal, beim Autofahren Flip-Flops zu tragen. Der Grund dafür ist, dass die Fahrer in Notfällen die Pedale besser kontrollieren können.

⚖️ Keine Seifenblasen in öffentlichen Räumen: Es ist verboten, in öffentlichen Räumen Seifenblasen zu machen. Dieses Gesetz soll die öffentliche Ordnung und Sicherheit gewährleisten.

⚖️ Keine falschen Entführungsstreiche: Chile nimmt Streiche ernst, besonders solche, die falsche Entführungen beinhalten. Solche Streiche können zu strafrechtlichen Anklagen und hohen Geldstrafen führen.

⚖️ Recht auf einen freien Tag am Geburtstag: In Chile haben Arbeitnehmer das Recht, an ihrem Geburtstag einen freien Tag zu nehmen. Dieses Gesetz soll den Menschen die Möglichkeit geben, ihren besonderen Tag zu feiern und zu genießen.

⚖️ Einschränkungen bei der Namensgebung von Kindern: Eltern dürfen ihren Kindern keine Namen geben, die als "lächerlich" oder potenziell schädlich oder peinlich angesehen werden.

Ungarn

In Ungarn gibt es etwa 13.000 Rechtsanwälte. Das ungarische Rechtssystem basiert auf dem Prinzip der Gewaltenteilung und umfasst mehrere Gerichtsebenen:

Amtsgerichte (Járásbíróság): Diese Gerichte sind für die meisten zivil- und strafrechtlichen Fälle in erster Instanz zuständig.

Landgerichte (Törvényszék): Diese Gerichte sind für Berufungen und bestimmte schwerwiegende Fälle zuständig.

Tafelgerichte (Ítélőtábla): Diese Gerichte sind für Berufungen gegen Entscheidungen der Landgerichte zuständig.

Kurie (Kúria): Der Oberste Gerichtshof Ungarns, der die höchste Instanz im ungarischen Gerichtssystem darstellt.

Das ungarische Rechtssystem ist stark von der europäischen Rechtsordnung beeinflusst und legt großen Wert auf die Einhaltung der Grundrechte und Freiheiten.

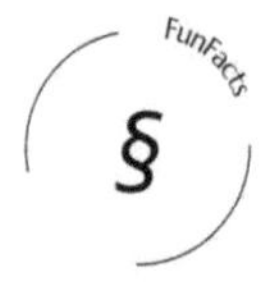

Gesetze und Verordnungen

⚖ Verbot von High Heels in historischen Stätten: In Ungarn ist es verboten, in historischen Stätten High Heels zu tragen, um die alten Böden und Pflastersteine zu schützen.

⚖ Kein Lärm nach 22 Uhr: In Ungarn gibt es strenge Lärmschutzgesetze, die besagen, dass nach 22 Uhr kein Lärm mehr gemacht werden darf. Das schließt laute Musik, Partys und sogar das Staubsaugen ein.

⚖️ Verbot von Alkoholwerbung: Werbung für alkoholische Getränke ist in Ungarn stark eingeschränkt. Es ist verboten, Alkohol in einer Weise zu bewerben, die ihn als positiv oder attraktiv darstellt.

⚖️ Namensgesetz: Eltern dürfen ihren Kindern keine Namen geben, die als anstößig oder unangemessen angesehen werden. Namen wie "Satan" oder "Hitler" sind verboten.

⚖️ Verbot von Glücksspielwerbung: Werbung für Glücksspiele ist in Ungarn stark eingeschränkt, um die Bevölkerung vor den negativen Auswirkungen des Glücksspiels zu schützen.

SIMBABWE

In Simbabwe gibt es etwa 2.000 zugelassene Rechtsanwälte. Das Rechtssystem in Simbabwe basiert auf dem kontinentalen Recht und ist stark von der britischen Rechtsordnung beeinflusst. Es gibt drei Hauptgerichtsebenen:

Erstinstanzgerichte: Diese Gerichte sind für die meisten zivil- und strafrechtlichen Fälle zuständig.

Berufungsgerichte: Diese Gerichte überprüfen die Entscheidungen der Erstinstanzgerichte.

Oberster Gerichtshof: Der Oberste Gerichtshof ist das höchste Gericht in Simbabwe und überprüft die Entscheidungen der Berufungsgerichte.

Die Verfassung Simbabwes wurde 2013 verabschiedet und legt den Grundstein für eine parlamentarische Demokratie. Sie betont Menschenrechte, Rechtsstaatlichkeit und Gewaltenteilung zwischen den Regierungszweigen.

Gesetze und Verordnungen

⚖ Meerjungfrauen: In Simbabwe gibt es eine starke Überzeugung, dass Meerjungfrauen existieren, und sie werden oft für unglückliche Ereignisse wie Mord verantwortlich gemacht.

⚖ Große Bäuche: Männer mit großem Bauch gelten in Simbabwe als wohlhabend. Ein großer Bauch bedeutet, dass eine Person finanziell stabil ist und es sich leisten kann, jeden Tag Fleisch zu essen.

⚖ Markennamen: In Simbabwe spielen Markennamen keine Rolle. Jede Zahnpasta heißt "Colgate" und jedes Getränk wird "Cola" genannt.

⚖ Polygamie: Ehen sind potenziell polygam und nur für schwarze Simbabwer legal. Sie können nur durch den Tod aufgelöst und nicht geschieden werden.

TÜRKEI

In der Türkei gibt es etwa 81.554 Rechtsanwälte. Das türkische Rechtssystem basiert auf dem kontinentalen Recht und ist stark von der französischen und schweizerischen Rechtsordnung beeinflusst. Es gibt mehrere Gerichtsebenen:

Erstinstanzgerichte (Asliye Mahkemeleri): Diese Gerichte sind für die meisten zivil- und strafrechtlichen Fälle zuständig.

Berufungsgerichte (Bölge Adliye Mahkemeleri): Diese Gerichte überprüfen die Entscheidungen der Erstinstanzgerichte.

Oberster Gerichtshof (Yargıtay): Der Oberste Gerichtshof ist das höchste Gericht in der Türkei und überprüft die Entscheidungen der Berufungsgerichte.

Die Verfassung der Türkei wurde 1982 verabschiedet und legt den Grundstein für eine parlamentarische Demokratie. Sie betont Menschenrechte, Rechtsstaatlichkeit und Gewaltenteilung zwischen den Regierungszweigen.

Gesetze und Verordnungen

⚖ Verbot von Kaugummi in der Schule: In der Türkei ist es verboten, in Schulen Kaugummi zu kauen. Dieses Gesetz soll die Sauberkeit und Ordnung in den Schulen gewährleisten.

⚖ Namensgesetz: Eltern dürfen ihren Kindern keine Namen geben, die als anstößig oder unangemessen angesehen werden. Namen wie "Osman" oder "Fatma" sind jedoch sehr beliebt und weit verbreitet.

⚖ Verbot von Alkoholwerbung: Werbung für alkoholische Getränke ist in der Türkei stark eingeschränkt. Es ist verboten, Alkohol in einer Weise zu bewerben, die ihn als positiv oder attraktiv darstellt.

⚖ Verbot von Glücksspielwerbung: Werbung für Glücksspiele ist in der Türkei stark eingeschränkt, um die Bevölkerung vor den negativen Auswirkungen des Glücksspiels zu schützen.

⚖ Verbot von lauter Musik nach 22 Uhr: In der Türkei gibt es strenge Lärmschutzgesetze, die besagen, dass nach 22 Uhr keine laute Musik mehr gespielt werden darf. Dies soll die Nachtruhe der Bürger gewährleisten.

BRASILIEN

In Brasilien gibt es etwa 1.200.000 Rechtsanwälte. Das brasilianische Rechtssystem ist ein Mischsystem mit Einflüssen aus dem französischen Code Civil und dem deutschen Bürgerlichen Gesetzbuch. Es gibt mehrere Gerichtsebenen:

Erstinstanzgerichte (Juízos de Primeira Instância): Diese Gerichte sind für die meisten zivil- und strafrechtlichen Fälle zuständig.

Berufungsgerichte (Tribunais de Segunda Instância): Diese Gerichte überprüfen die Entscheidungen der Erstinstanzgerichte.

Oberster Gerichtshof (Supremo Tribunal Federal): Der Oberste Gerichtshof ist das höchste Gericht in Brasilien und überprüft die Entscheidungen der Berufungsgerichte.

Die brasilianische Verfassung von 1988 legt den Grundstein für eine föderale Republik und betont Menschenrechte, Rechtsstaatlichkeit und Gewaltenteilung zwischen den Regierungszweigen

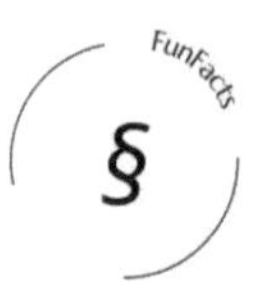

§ FunFacts

Gesetze und Verordnungen

⚖ **Wahlkampf:** In Brasilien gibt es eine allgemeine Wahlpflicht, das heißt, man muss abstimmen oder am Wahltag in einem Wahlbüro erscheinen und begründen, warum man nicht wählen geht. Die Kandidaten treten oft mit ihren Spitznamen auf, und die Wahlwerbung konzentriert sich stark auf die Nummern der Kandidaten.

⚖ **Verbot von Kaugummi:** In Brasilien ist es verboten, Kaugummi in öffentlichen Verkehrsmitteln zu kauen. Dieses Gesetz soll die Sauberkeit und Ordnung in den Verkehrsmitteln gewährleisten.

⚖️ Namensgesetz: Eltern dürfen ihren Kindern keine Namen geben, die als anstößig oder unangemessen angesehen werden. Namen wie "Adolf Hitler" oder "Satan" sind verboten.

⚖️ Verbot von Flip-Flops beim Autofahren: Es ist illegal, beim Autofahren Flip-Flops zu tragen. Der Grund dafür ist, dass die Fahrer in Notfällen die Pedale besser kontrollieren können.

⚖️ Verbot von Seifenblasen in öffentlichen Räumen: Es ist verboten, in öffentlichen Räumen Seifenblasen zu machen. Dieses Gesetz soll die öffentliche Ordnung und Sicherheit gewährleisten.

Mexiko

Facts In Mexiko gibt es etwa 300.000 Rechtsanwälte. Das mexikanische Rechtssystem basiert auf dem kontinentalen Recht und ist stark von der spanischen Rechtsordnung beeinflusst. Es gibt mehrere Gerichtsebenen:

Erstinstanzgerichte (Juzgados de Distrito): Diese Gerichte sind für die meisten zivil- und strafrechtlichen Fälle zuständig.

Berufungsgerichte (Tribunales de Circuito): Diese Gerichte überprüfen die Entscheidungen der Erstinstanzgerichte.

Oberster Gerichtshof (Suprema Corte de Justicia de la Nación): Der Oberste Gerichtshof ist das höchste Gericht in

Mexiko und überprüft die Entscheidungen der Berufungsgerichte.

Die mexikanische Verfassung von 1917 legt den Grundstein für eine föderale Republik und betont Menschenrechte, Rechtsstaatlichkeit und Gewaltenteilung zwischen den Regierungszweigen.

Gesetze und Verordnungen

⚖ Namensgesetz: Eltern dürfen ihren Kindern keine Namen geben, die als anstößig oder unangemessen angesehen werden. Namen wie "Rambo" oder "Batman" sind verboten.

⚖️ Verbot von Flip-Flops beim Autofahren: Es ist illegal, beim Autofahren Flip-Flops zu tragen. Der Grund dafür ist, dass die Fahrer in Notfällen die Pedale besser kontrollieren können.

⚖️ Verbot von Seifenblasen in öffentlichen Räumen: Es ist verboten, in öffentlichen Räumen Seifenblasen zu machen. Dieses Gesetz soll die öffentliche Ordnung und Sicherheit gewährleisten.

⚖️ Wahlpflicht: In Mexiko gibt es eine allgemeine Wahlpflicht, das heißt, man muss abstimmen oder am Wahltag in einem Wahlbüro erscheinen und begründen, warum man nicht wählen geht.

NEUSEELAND

In Neuseeland gibt es etwa 15.000 Rechtsanwälte. Das neuseeländische Rechtssystem basiert auf dem Common Law-System Englands und ist stark von der britischen Rechtsordnung beeinflusst. Es gibt mehrere Gerichtsebenen:

Erstinstanzgerichte (District Courts): Diese Gerichte sind für die meisten zivil- und strafrechtlichen Fälle zuständig.

Berufungsgerichte (Court of Appeal): Diese Gerichte überprüfen die Entscheidungen der Erstinstanzgerichte.

Oberster Gerichtshof (Supreme Court): Der Oberste Gerichtshof ist das höchste Gericht in Neuseeland und überprüft die Entscheidungen der Berufungsgerichte.

Neuseeland ist eine parlamentarische Monarchie mit einem Einkammerparlament (House of Representatives). Die Verfassung Neuseelands ist nicht kodifiziert und besteht aus verschiedenen Gesetzen, Gerichtsurteilen und Konventionen.

Gesetze und Verordnungen

⚖ Verbot von High Heels in historischen Stätten: In Neuseeland ist es verboten, in historischen Stätten High Heels zu tragen, um die alten Böden und Pflastersteine zu schützen.

⚖️ Namensgesetz: Eltern dürfen ihren Kindern keine Namen geben, die als anstößig oder unangemessen angesehen werden. Namen wie "Fish and Chips" oder "Talula Does The Hula From Hawaii" sind verboten.

⚖️ Verbot von Kaugummi in öffentlichen Verkehrsmitteln: Es ist verboten, Kaugummi in öffentlichen Verkehrsmitteln zu kauen, um die Sauberkeit und Ordnung zu gewährleisten.

⚖️ Verbot von Flip-Flops beim Autofahren: Es ist illegal, beim Autofahren Flip-Flops zu tragen. Der Grund dafür ist, dass die Fahrer in Notfällen die Pedale besser kontrollieren können.

⚖️ Verbot von Seifenblasen in öffentlichen Räumen: Es ist verboten, in öffentlichen Räumen Seifenblasen zu machen. Dieses Gesetz soll die öffentliche Ordnung und Sicherheit gewährleisten.

THAILAND

In Thailand gibt es etwa 81.554 Rechtsanwälte. Das thailändische Rechtssystem basiert auf dem kontinentalen Recht und ist stark von der französischen und schweizerischen Rechtsordnung beeinflusst. Es gibt mehrere Gerichtsebenen:

Erstinstanzgerichte (Courts of First Instance): Diese Gerichte sind für die meisten zivil- und strafrechtlichen Fälle zuständig.

Berufungsgerichte (Courts of Appeal): Diese Gerichte überprüfen die Entscheidungen der Erstinstanzgerichte.

Oberster Gerichtshof (Supreme Court): Der Oberste Gerichtshof ist das höchste Gericht in Thailand und überprüft die Entscheidungen der Berufungsgerichte.

Die Verfassung Thailands wurde 1932 verabschiedet und legt den Grundstein für eine konstitutionelle Monarchie. Sie betont Menschenrechte, Rechtsstaatlichkeit und Gewaltenteilung zwischen den Regierungszweigen.

§ FunFacts

Gesetze und Verordnungen

⚖ Unterwäschepflicht: Es ist illegal, ohne Unterwäsche in die Öffentlichkeit zu treten.

⚖ Kein Fahren ohne Hemd: Es ist verboten, ohne Hemd Auto zu fahren.

⚖ Respekt vor dem König: Es ist eine Straftat, auf thailändisches Geld zu treten, da dies als respektlos gegenüber dem König angesehen wird.

⚖️ Müllentsorgung: Es ist illegal, Müll jeglicher Art auf die Straße zu werfen. Wer dabei erwischt wird, kann mit einer Geldstrafe von 2000 Baht belegt werden.

⚖️ Spielkartenbesitz: Laut dem Spielkartengesetz von 1943 darf keine Person mehr als 120 Spielkarten besitzen

POLEN

In Polen gibt es etwa 30.000 Rechtsanwälte. Das polnische Rechtssystem basiert auf dem kontinentalen Recht und ist stark von der deutschen, französischen und österreichischen Rechtsordnung beeinflusst. Es gibt mehrere Gerichtsebenen:

Erstinstanzgerichte (Sądy Rejonowe): Diese Gerichte sind für die meisten zivil- und strafrechtlichen Fälle zuständig.

Berufungsgerichte (Sądy Okręgowe): Diese Gerichte überprüfen die Entscheidungen der Erstinstanzgerichte.

Oberster Gerichtshof (Sąd Najwyższy): Der Oberste Gerichtshof ist das höchste Gericht in Polen und überprüft die Entscheidungen der Berufungsgerichte.

Die polnische Verfassung von 1997 legt den Grundstein für eine parlamentarische Demokratie und betont Menschenrechte, Rechtsstaatlichkeit und Gewaltenteilung zwischen den Regierungszweigen.

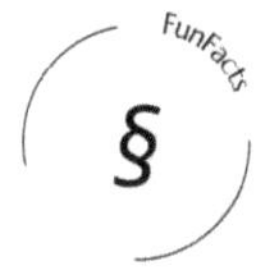

Gesetze und Verordnungen

⚖ Verbot von Dudelsäcken: Dudelsäcke gelten in Polen als zu laut und sind daher in einigen öffentlichen Bereichen verboten.

⚖ Luftballons für Kinder: Kinder unter acht Jahren dürfen Luftballons nur unter der Aufsicht von Erwachsenen aufpusten

Namibia

In Namibia gibt es etwa 1.476 Rechtsanwälte. Das namibische Rechtssystem ist ein gemischtes System, das Einflüsse des britischen und römisch-niederländischen Common Law sowie des traditionellen Gewohnheitsrechts umfasst2. Es gibt mehrere Gerichtsebenen:

Erstinstanzgerichte: Diese Gerichte sind für die meisten zivil- und strafrechtlichen Fälle zuständig.

Berufungsgerichte: Diese Gerichte überprüfen die Entscheidungen der Erstinstanzgerichte.

Oberster Gerichtshof: Der Oberste Gerichtshof ist das höchste Gericht in Namibia und überprüft die Entscheidungen der Berufungsgerichte.

Die Verfassung Namibias wurde 1990 verabschiedet und legt den Grundstein für eine parlamentarische Demokratie. Sie betont Menschenrechte, Rechtsstaatlichkeit und Gewaltenteilung zwischen den Regierungszweigen.

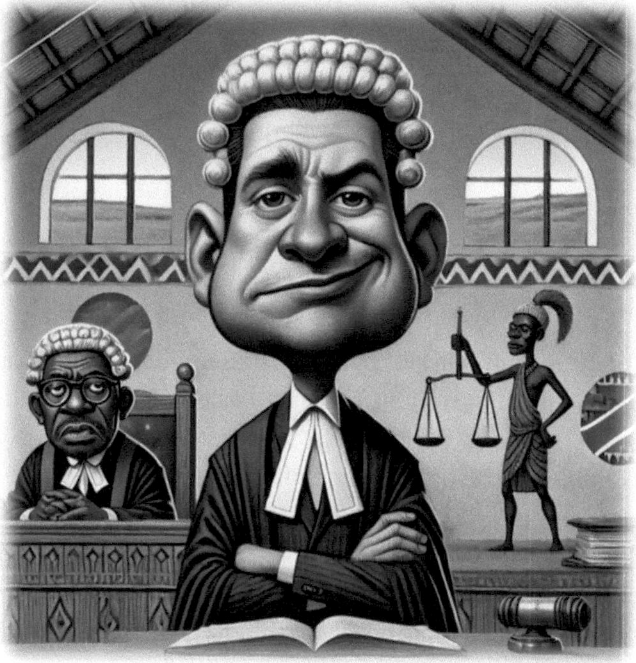

§ FunFacts

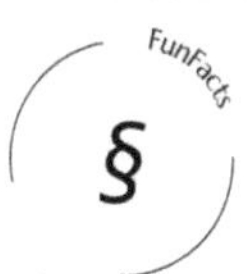

Gesetze und Verordnungen

⚖ Verbot von Flip-Flops beim Autofahren: Es ist illegal, beim Autofahren Flip-Flops zu tragen. Der Grund dafür ist, dass die Fahrer in Notfällen die Pedale besser kontrollieren können.

⚖ Verbot von Glücksspielwerbung: Werbung für Glücksspiele ist in Namibia stark eingeschränkt, um die Bevölkerung vor den negativen Auswirkungen des Glücksspiels zu schützen.

⚖️ Verbot von lauter Musik nach 22 Uhr: In Namibia gibt es strenge Lärmschutzgesetze, die besagen, dass nach 22 Uhr keine laute Musik mehr gespielt werden darf. Dies soll die Nachtruhe der Bürger gewährleisten.

TANSANIA

In Tansania gibt es etwa 1.476 Rechtsanwälte. Das Rechtssystem in Tansania basiert auf dem kontinentalen Recht und ist stark von der britischen Rechtsordnung beeinflusst. Es gibt mehrere Gerichtsebenen:

Erstinstanzgerichte: Diese Gerichte sind für die meisten zivil- und strafrechtlichen Fälle zuständig.

Berufungsgerichte: Diese Gerichte überprüfen die Entscheidungen der Erstinstanzgerichte.

Oberster Gerichtshof: Der Oberste Gerichtshof ist das höchste Gericht in Tansania und überprüft die Entscheidungen der Berufungsgerichte.

Die Verfassung Tansanias wurde 1977 verabschiedet und legt den Grundstein für eine parlamentarische Demokratie. Sie betont Menschenrechte, Rechtsstaatlichkeit und Gewaltenteilung zwischen den Regierungszweigen.

Gesetze und Verordnungen

Das in Tansania im Jahre 1971 erlassene Ehegesetz schreibt Jungen wie Mädchen ein Mindestalter für die Ehe vor. Für Jungen liegt das bei 18 Jahren. Mädchen hingegen können - mit dem Einverständnis der Eltern - bereits mit 15 Jahren verheiratet werden.

Homosexualität gilt in Tansania per Gesetz als Verbrechen.

NIEDERLANDE

In den Niederlanden gibt es etwa 18.000 Rechtsanwälte. Das niederländische Rechtssystem basiert auf dem kontinentalen Recht und ist stark von der französischen und deutschen Rechtsordnung beeinflusst. Es gibt mehrere Gerichtsebenen:

Erstinstanzgerichte (Rechtbanken): Diese Gerichte sind für die meisten zivil- und strafrechtlichen Fälle zuständig.

Berufungsgerichte (Gerechtshoven): Diese Gerichte überprüfen die Entscheidungen der Erstinstanzgerichte.

Oberster Gerichtshof (Hoge Raad): Der Oberste Gerichtshof ist das höchste Gericht in den Niederlanden und überprüft die Entscheidungen der Berufungsgerichte.

Die Niederlande sind eine konstitutionelle Monarchie mit parlamentarischer Regierungsweise. Die Verfassung (Grondwet) bildet die Grundlage der Gesetzgebung und enthält einen Grundrechtskatalog. Wichtige Rechtsquellen sind Gesetze (wet), die Rechtsprechung (jurisprudentie) und das ungeschriebene Recht.

Gesetze und Verordnungen

⚖ Verbot von High Heels im Keukenhof: Im berühmten Keukenhof-Garten ist es verboten, High Heels zu tragen, um die empfindlichen Blumenbeete zu schützen.

⚖ Fahrradklingel-Pflicht: In den Niederlanden ist es gesetzlich vorgeschrieben, dass jedes Fahrrad eine funktionierende Klingel haben muss. Das ist nicht nur praktisch, sondern auch ein bisschen lustig, wenn man bedenkt, wie ernsthaft die Niederländer ihre Fahrräder nehmen.

⚖️ Verbot von lauten Schuhen in Kirchen: In einigen Kirchen ist es verboten, laute Schuhe zu tragen, um die Ruhe und den Frieden während der Gottesdienste zu bewahren.

⚖️ Verbot von Haustieren in Coffeeshops: In den berühmten niederländischen Coffeeshops ist es verboten, Haustiere mitzubringen. Das ist wahrscheinlich eine gute Idee, um sicherzustellen, dass die Tiere nicht versehentlich high werden.

FINNLAND

In Finnland gibt es etwa 2.000 Rechtsanwälte. Das finnische Rechtssystem basiert auf einer Kombination aus nationalen und internationalen Rechtsquellen. Die wichtigsten nationalen Rechtsquellen sind das Grundgesetz, Parlamentsgesetze, Rechtsverordnungen des Staatspräsidenten, des Staatsrates und der Ministerien sowie Rechtsvorschriften untergeordneter Behörden.

Das finnische Rechtssystem zeichnet sich durch eine starke Bindungswirkung der Gesetze und des Gewohnheitsrechts aus. Entscheidungen der obersten Gerichte, wie des Obersten Gerichtshofs und des Obersten Verwaltungsgerichtshofs, spielen ebenfalls eine wichtige Rolle als Rechtsquellen.

Gesetze und Verordnungen

⚖ Elchjagd: In Finnland ist es gesetzlich vorgeschrieben, dass Autofahrer, die einen Elch überfahren, dies den Behörden melden müssen. Dies dient dem Schutz der Elchpopulation und der Verkehrssicherheit.

⚖ Sauna-Pflicht: Es gibt keine offizielle Sauna-Pflicht, aber Saunen sind ein so wichtiger Bestandteil der finnischen Kultur, dass es fast undenkbar ist, ein Haus ohne

Sauna zu haben. Viele Finnen haben sogar eine Sauna in ihrer Wohnung.

⚖️ Eislochschwimmen: In Finnland ist das Schwimmen in eisigen Gewässern eine beliebte Tradition. Es gibt jedoch keine spezifischen Gesetze, die dies regeln, außer den allgemeinen Sicherheitsvorschriften.

⚖️ Fahrradhelm: Es gibt eine Empfehlung, dass Fahrradfahrer Helme tragen sollten, aber es gibt kein Gesetz, das dies vorschreibt. Dennoch tragen viele Finnen Helme, um ihre Sicherheit zu gewährleisten.

ISLAND

Facts In Island gibt es weniger als 700 Rechtsanwälte. Die meisten von ihnen praktizieren in der Hauptstadt Reykjavik.

Das Rechtssystem in Island basiert auf der Verfassung der Republik Island, die 1944 in Kraft trat. Island ist eine parlamentarische Republik mit einem zweistufigen Gerichtssystem. Die untere Ebene bilden die Bezirksgerichte, während die obere Ebene das Obergericht Hæstiréttur ist, das auch als Verfassungsgericht fungiert.

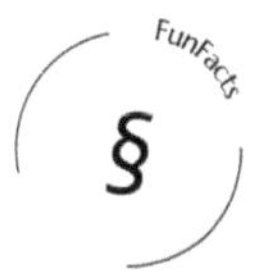

Gesetze und Verordnungen

⚖ Bierverbot: Bis 1989 war Bier in Island verboten. Ein vollständiges Alkoholverbot galt von 1915 bis 1935, aber das Bierverbot blieb bis 1989 bestehen.

⚖ Hunde in Reykjavik: Früher war es in der Hauptstadt Reykjavik verboten, Hunde zu halten. Dieses Gesetz wurde jedoch inzwischen aufgehoben.

⚖ Elfen: Über 80 Prozent der Isländer glauben an Elfen. Zum Schutz der Elfen werden Straßen um Regionen herumgeleitet, in denen man Elfen vermutet.

⚖️ Islandpferde: Islandpferden, die das Land verlassen haben, ist es verboten, zurückzukehren. Dies dient dem Schutz der einheimischen Pferderasse

SÜDKOREA

In Südkorea gibt es etwa 20.000 Rechtsanwälte. Das südkoreanische Rechtssystem basiert auf dem Zivilrecht und ist stark von den Rechtssystemen Deutschlands und Japans beeinflusst. Es gibt drei Hauptgerichtsebenen: die Bezirksgerichte, die Obergerichte und den Obersten Gerichtshof. Der Verfassungsgerichtshof ist für die Überprüfung der Verfassungsmäßigkeit von Gesetzen zuständig.

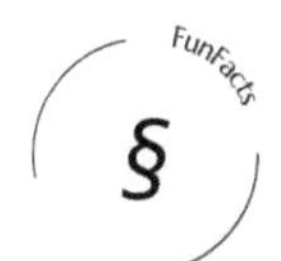

Gesetze und Verordnungen

⚖️ Alkohol in der Öffentlichkeit: Es ist in Südkorea erlaubt, in der Öffentlichkeit Alkohol zu trinken. Es ist nicht ungewöhnlich, Menschen in Parks oder auf der Straße mit einem Getränk in der Hand zu sehen.

⚖️ Trinkgeld: In Südkorea ist es unüblich, Trinkgeld zu geben. In Restaurants und Taxis wird kein Trinkgeld erwartet, und es kann sogar als unhöflich angesehen werden.

⚖️ Nase putzen: Es gilt als unhöflich, sich in der Öffentlichkeit die Nase zu putzen. Stattdessen ziehen es die meisten Menschen vor, sich diskret zurückzuziehen, um dies zu tun.

⚖️ Toilettenpapier: In vielen öffentlichen Toiletten in Südkorea gibt es kein Toilettenpapier. Es ist üblich, dass Menschen ihr eigenes Toilettenpapier mitbringen.

JAPAN

In Japan gibt es etwa 42.000 Rechtsanwälte. Das japanische Rechtssystem basiert auf dem Zivilrecht und ist stark von den Rechtssystemen Deutschlands und Frankreichs beeinflusst. Es gibt drei Hauptgerichtsebenen: die Bezirksgerichte, die Obergerichte und den Obersten Gerichtshof. Der Oberste Gerichtshof ist das höchste Gericht in Japan und hat die Befugnis, die Verfassungsmäßigkeit von Gesetzen zu überprüfen.

Gesetze und Verordnungen

⚖ Metabo-Gesetz: Seit 2008 gibt es in Japan das soge-
nannte Metabo-Gesetz, das obligatorische Taillenum-
fangsmessungen für Bürger im Alter von 40 bis 74 Jahren
vorschreibt. Wenn der Taillenumfang über den empfohle-
nen Maßen liegt, kann das Unternehmen oder die lokale
Behörde eine Geldstrafe zahlen müssen.

⚖ Krieg ist illegal: Seit dem Zweiten Weltkrieg ist es in
der japanischen Verfassung festgeschrieben, dass Japan
keine Armee, Marine oder Luftwaffe unterhalten darf.

Artikel 9 der Verfassung verbietet den Einsatz von Gewalt zur Beilegung internationaler Streitigkeiten.

⚖️ Rauchen im Freien: Es ist verboten, auf den Gehwegen in Japan zu rauchen. Es gibt jedoch zahlreiche ausgewiesene Raucherbereiche in öffentlichen Außenbereichen, die genutzt werden können.

⚖️ Tauben schützen: In Japan ist es verboten, Tauben zu töten oder zu verletzen. Das Gesetz zum Schutz von Vögeln und wilden Tieren regelt den Schutz und die Haltung von wild lebenden Säugetieren und Vögeln.

IRLAND

In Irland gibt es etwa 2.400 Rechtsanwälte. Das irische Rechtssystem basiert auf dem Common Law, ähnlich dem in Großbritannien. Es gibt zwei Hauptgerichtsebenen: die High Courts und den Obersten Gerichtshof (Supreme Court). Der Oberste Gerichtshof ist das höchste Gericht in Irland und hat die Befugnis, die Verfassungsmäßigkeit von Gesetzen zu überprüfen.

Gesetze und Verordnungen

⚖️ Ehebrecher auf dem Scheiterhaufen: Im 16. Jahrhundert war es in Irland gesetzlich erlaubt, Ehebrecher auf dem Scheiterhaufen zu verbrennen. Zum Glück ist dieses Gesetz längst abgeschafft worden!

⚖️ Kein Plädieren an Sonntagen: Es ist illegal, an Sonntagen vor Gericht zu plädieren. Dies gilt auch für Weihnachten und Ostermontag.

⚖️ Trunkenheit auf dem Pferd: In Irland ist es illegal, betrunken auf einem Pferd zu reiten. Das Gesetz zum Schutz der öffentlichen Ordnung und Sicherheit wurde eingeführt, um Unfälle und Missgeschicke zu verhindern.

⚖️ Wählen in Verkleidung: Bei Parlamentswahlen in Irland ist es gesetzlich verboten, in Verkleidung zu wählen, um Wahlbetrug zu verhindern.

LETTLAND

In Lettland gibt es etwa 1.500 Rechtsanwälte. Das lettische Rechtssystem basiert auf dem Zivilrecht und ist stark von den Rechtssystemen Deutschlands und Frankreichs beeinflusst. Es gibt drei Hauptgerichtsebenen: die Bezirksgerichte, die Regionalgerichte und den Obersten Gerichtshof. Der Verfassungsgerichtshof ist für die Überprüfung der Verfassungsmäßigkeit von Gesetzen zuständig.

Gesetze und Verordnungen

⚖️ Namensänderung: In Lettland ist es gesetzlich vorgeschrieben, dass man seinen Namen nur einmal ändern darf. Dies soll verhindern, dass Menschen ihre Identität zu oft wechseln.

⚖️ Autowaschen: Es ist illegal, sein Auto in der Nähe von Flüssen oder Seen zu waschen, um die Umwelt vor Verschmutzung zu schützen.

⚖️ Fahrradfahren: In Lettland ist es Pflicht, beim Fahrradfahren einen Helm zu tragen. Dies gilt für alle Altersgruppen und soll die Sicherheit der Radfahrer erhöhen.

⚖️ Hochzeitstraditionen: In Lettland gibt es eine Tradition, bei der das Brautpaar während der Hochzeitsfeierlichkeiten symbolisch "entführt" wird. Dies soll Spaß und Spannung in die Feierlichkeiten bringen.

BELGIEN

In Belgien gibt es etwa 18.000 Rechtsanwälte. Das belgische Rechtssystem basiert auf dem Zivilrecht und ist stark von den Rechtssystemen Frankreichs und Deutschlands beeinflusst. Es gibt drei Hauptgerichtsebenen: die Friedensgerichte und Polizeigerichte, die Gerichte erster Instanz und die Appellationsgerichte. Der Kassationshof ist das höchste Gericht in

Belgien und hat die Befugnis, die Verfassungsmäßigkeit von Gesetzen zu überprüfen.

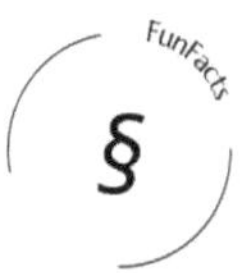

Gesetze und Verordnungen

⚖ Sonntagsruhe: In Belgien ist es verboten, an Sonntagen Rasen zu mähen oder laute Arbeiten im Garten durchzuführen. Dies soll die Sonntagsruhe der Nachbarn gewährleisten.

⚖ Schokolade: Belgien ist bekannt für seine Schokolade, und es gibt strenge Vorschriften, die sicherstellen, dass belgische Schokolade von höchster Qualität ist. Es ist gesetzlich vorgeschrieben, dass Schokolade mindestens 35 % Kakao enthalten muss.

⚖ Pommes frites: Belgien beansprucht die Erfindung der Pommes frites für sich, und es gibt viele Frittenbuden im ganzen Land. Es gibt sogar ein Gesetz, das besagt, dass Pommes frites in Rinderfett frittiert werden müssen, um als echte belgische Pommes zu gelten.

⚖ Bier: Belgien hat eine reiche Bierkultur, und es gibt strenge Vorschriften für die Herstellung und den Verkauf von Bier. Es ist illegal, Bier ohne eine Lizenz zu brauen oder zu verkaufen.

TSCHECHISCHE REPUBLIK

In Tschechien gibt es etwa 11.000 Rechtsanwälte. Das tschechische Rechtssystem basiert auf dem Zivilrecht und ist stark von den Rechtssystemen Deutschlands und Österreichs beeinflusst.

Es gibt drei Hauptgerichtsebenen:
die Bezirksgerichte, die Regionalgerichte und den Obersten Gerichtshof.

Der Verfassungsgerichtshof ist für die Überprüfung der Verfassungsmäßigkeit von Gesetzen zuständig.

Gesetze und Verordnungen

⚖ Wildcampen: Es ist in Tschechien verboten, außerhalb von offiziell ausgewiesenen Campingplätzen zu campen. Dies dient dem Schutz der Natur und der Vermeidung von Umweltverschmutzung.

⚖ Radfahren unter Alkoholeinfluss: In Tschechien ist es illegal, betrunken Fahrrad zu fahren. Es gibt strenge Alkoholgrenzwerte, die auch für Radfahrer gelten.

⚖ Ruhezeiten: In vielen Wohngebieten gibt es gesetzlich vorgeschriebene Ruhezeiten, in denen laute Tätigkeiten wie Rasenmähen oder Partys verboten sind. Diese

Ruhezeiten sollen die Nachtruhe und das Zusammenleben der Nachbarn gewährleisten.

⚖️ Hundegesetze: In Tschechien gibt es strenge Vorschriften für Hundebesitzer, einschließlich einer Pflicht zur Leinenführung in städtischen Gebieten und der Pflicht, Hundekot zu entfernen.

⚖️ Die Verjährung beträgt grundsätzlich drei Jahre (Beginn abweichend vom deutschen Recht immer taggenau und nicht zum Jahresende!); die Verjährungsfrist kann aber auch verlängert oder verkürzt werden.

KUWAIT

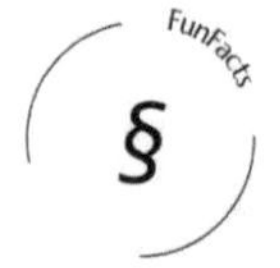

In Kuwait gibt es etwa 1.500 Rechtsanwälte. Das kuwaitische Rechtssystem basiert auf der Scharia (islamisches Recht) und dem Zivilrecht.
Es gibt drei Hauptgerichtsebenen: die erstinstanzlichen Gerichte, die Berufungsgerichte und den Kassationshof. Der Kassationshof ist das höchste Gericht in Kuwait und hat die Befugnis, die Verfassungsmäßigkeit von Gesetzen zu überprüfen.

Gesetze und Verordnungen

⚖️ Alkohol: In Kuwait ist der Verkauf und Konsum von Alkohol streng verboten. Dies gilt sowohl für Einheimische als auch für Ausländer.

⚖️ Kleidungsvorschriften: Es gibt strenge Kleidungsvorschriften, insbesondere für Frauen. Frauen müssen in der Öffentlichkeit angemessene Kleidung tragen, die Schultern und Knie bedeckt.

⚖️ Fotografieren: Es ist verboten, militärische Einrichtungen, Regierungsgebäude und bestimmte öffentliche Plätze zu fotografieren. Dies dient der nationalen Sicherheit.

⚖️ Öffentliche Zuneigung: Öffentliche Zuneigungsbekundungen wie Küssen und Umarmen sind in Kuwait nicht erlaubt und können zu rechtlichen Konsequenzen führen.

USBEKISTAN

In Usbekistan gibt es etwa 1.500 Rechtsanwälte. Das usbekische Rechtssystem basiert auf einer Kombination aus Zivilrecht und islamische Recht.

Es gibt drei Hauptgerichtsebenen: die erstinstanzlichen Gerichte, die Berufungsgerichte und den Obersten Gerichtshof. Der Verfassungsgerichtshof ist für die Überprüfung der Verfassungsmäßigkeit von Gesetzen zuständig.

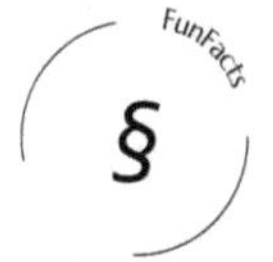

Gesetze und Verordnungen

⚖️ Baumwollernte: In Usbekistan gibt es eine Tradition, bei der Schüler und Studenten während der Baumwollerntezeit auf den Feldern arbeiten müssen. Dies ist zwar keine gesetzliche Verpflichtung mehr, aber es wird immer noch praktiziert.

⚖️ Elfen und Geister: In Usbekistan gibt es den Glauben an Elfen und Geister, und es gibt Berichte über Straßen, die um bestimmte Orte herum gebaut wurden, um diese Wesen nicht zu stören.

⚖️ Hochzeitstraditionen: In Usbekistan gibt es eine Tradition, bei der das Brautpaar während der Hochzeitsfeierlichkeiten symbolisch "entführt" wird. Dies soll Spaß und Spannung in die Feierlichkeiten bringen.

PAKISTAN

In Pakistan gibt es etwa 50.000 Rechtsanwälte. Das pakistanische Rechtssystem basiert auf einer Kombination aus islamischem Recht (Scharia) und dem Common Law, das von der britischen Kolonialzeit beeinflusst ist.

Es gibt drei Hauptgerichtsebenen: die erstinstanzlichen Gerichte, die Berufungsgerichte und den Obersten Gerichtshof. Der Verfassungsgerichtshof ist für die Überprüfung der Verfassungsmäßigkeit von Gesetzen zuständig.

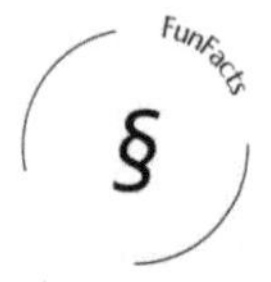

Gesetze und Verordnungen

⚖ Drachensteigen: Das Drachensteigen ist in einigen Teilen Pakistans verboten, insbesondere in städtischen Gebieten, um Unfälle und Verletzungen zu vermeiden. Dieses Verbot wurde eingeführt, nachdem es zu mehreren Unfällen durch Kollisionen von Drachen und Menschen gekommen war.

⚖ Autowaschen: In einigen Städten Pakistans ist es verboten, sein Auto auf öffentlichen Straßen zu waschen, um die Straßen sauber zu halten und Wasser zu sparen.

⚖ Hochzeitstraditionen: In Pakistan gibt es eine Tradition, bei der das Brautpaar während der Hochzeitsfeierlichkeiten symbolisch "entführt" wird. Dies soll Spaß und Spannung in die Feierlichkeiten bringen.

⚖ Bekleidungsvorschriften: Es gibt strenge Bekleidungsvorschriften, insbesondere für Frauen. Frauen müssen in der Öffentlichkeit angemessene Kleidung tragen, die Schultern und Knie bedeckt.

GEORGIEN

In Georgien gibt es etwa 3.000 Rechtsanwälte. Das georgische Rechtssystem basiert auf dem Zivilrecht und ist stark von den Rechtssystemen Deutschlands und Frankreichs beeinflusst.

Es gibt drei Hauptgerichtsebenen: die Bezirksgerichte, die Berufungsgerichte und den Obersten Gerichtshof. Der Verfassungsgerichtshof ist für die Überprüfung der Verfassungsmäßigkeit von Gesetzen zuständig.

§ Tradition, Gesetze und Verordnungen

⚖️ Weinland Georgien: Georgien ist bekannt für seine Weinproduktion und hat eine lange Tradition im Weinanbau. Es gibt sogar ein Gesetz, das den Schutz und die Förderung des Weinanbaus regelt.

⚖️ Hochzeitstraditionen: In Georgien gibt es eine Tradition, bei der das Brautpaar während der Hochzeitsfeierlichkeiten symbolisch "entführt" wird. Dies soll Spaß und Spannung in die Feierlichkeiten bringen.

Das dänische Rechtssystem basiert auf dem Zivilrecht und ist stark von den Rechtssystemen Deutschlands und Frankreichs beeinflusst. Es gibt drei Hauptgerichtsebenen: die Stadtgerichte (Byretter), die Berufungsgerichte (Landsretter) und den Obersten Gerichtshof (Højesteret). Der Oberste Gerichtshof ist das höchste Gericht in Dänemark und hat die Befugnis, die Verfassungsmäßigkeit von Gesetzen zu überprüfen.

Gesetze und Verordnungen

⚖️ Eis verkaufen: Es ist in Dänemark illegal, Eis an einem Donnerstag zu verkaufen. Dieses alte Gesetz ist zwar nicht mehr in Kraft, aber es zeigt die kuriosen Regelungen der Vergangenheit.

⚖️ Namenserlaubnis: In Dänemark gibt es eine Liste genehmigter Vornamen, aus der Eltern wählen müssen. Dies soll sicherstellen, dass Kinder keine unangemessenen oder beleidigenden Namen erhalten.

⚖️ Autofahren ohne Licht: Es ist gesetzlich vorgeschrieben, dass Autos auch tagsüber mit eingeschaltetem Licht fahren müssen. Dies dient der Verkehrssicherheit und ist in den skandinavischen Ländern weit verbreitet.

⚖️ Kein Spucken auf der Straße: In Dänemark ist es verboten, auf die Straße zu spucken. Dieses Gesetz dient der Sauberkeit und Hygiene in öffentlichen Bereichen.

MALTA

Das maltesische Rechtssystem basiert auf dem Zivilrecht und ist stark von den Rechtssystemen Italiens und Großbritanniens beeinflusst. Es gibt drei Hauptgerichtsebenen: die Magistratsgerichte, die Berufungsgerichte und den Obersten Gerichtshof (Court of Appeal). Der Verfassungsgerichtshof ist für die Überprüfung der Verfassungsmäßigkeit von Gesetzen zuständig.

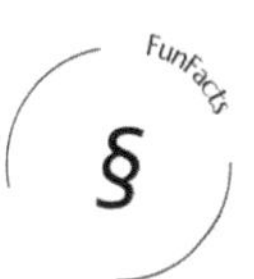

§ Gesetze und Verordnungen

⚖️ Katzenfütterung: In Malta ist es illegal, streunende Katzen nicht zu füttern. Die maltesische Bevölkerung ist sehr tierfreundlich, und es gibt viele Katzenkolonien, die von Freiwilligen betreut werden.

⚖️ Schwimmen in der Nacht: Es ist verboten, nachts in bestimmten Stränden zu schwimmen, um die Sicherheit der Badegäste zu gewährleisten.

⚖️ Feuerwerk: Malta ist bekannt für seine spektakulären Feuerwerke, und es gibt strenge Vorschriften für den Umgang mit Feuerwerkskörpern. Feuerwerke sind ein wichtiger Bestandteil vieler Feste und Feierlichkeiten auf der Insel.

⚖️ Fischerei: Es gibt strenge Vorschriften für die Fischerei, um die Fischbestände zu schützen. Zum Beispiel ist es illegal, bestimmte Fischarten während der Laichzeit zu fangen.

TUNESIEN

In Tunesien gibt es etwa 1.500 Rechtsanwälte. Das tunesische Rechtssystem basiert auf einer Kombination aus Zivilrecht und islamischem Recht.

Es gibt drei Hauptgerichtsebenen: die erstinstanzlichen Gerichte, die Berufungsgerichte und den Kassationshof. Der Kassationshof ist das höchste Gericht in Tunesien und hat die Befugnis, die Verfassungsmäßigkeit von Gesetzen zu überprüfen.

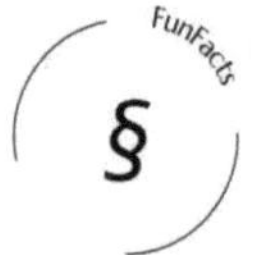

Gesetze und Verordnungen

⚖️ Alkohol: In Tunesien ist der Verkauf und Konsum von Alkohol streng reglementiert. Alkohol darf nur in lizenzierten Geschäften und Restaurants verkauft werden.

⚖️ Kleidungsvorschriften: Es gibt strenge Kleidungsvorschriften, insbesondere für Frauen. Frauen müssen in der Öffentlichkeit angemessene Kleidung tragen, die Schultern und Knie bedeckt.

⚖️ Fotografieren: Es ist verboten, militärische Einrichtungen, Regierungsgebäude und bestimmte öffentliche Plätze zu fotografieren. Dies dient der nationalen Sicherheit.

⚖️ Öffentliche Zuneigung: Öffentliche Zuneigungsbekundungen wie Küssen und Umarmen sind in Tunesien nicht erlaubt und können zu rechtlichen Konsequenzen führen.

CAPITIS DOLORES IURIS

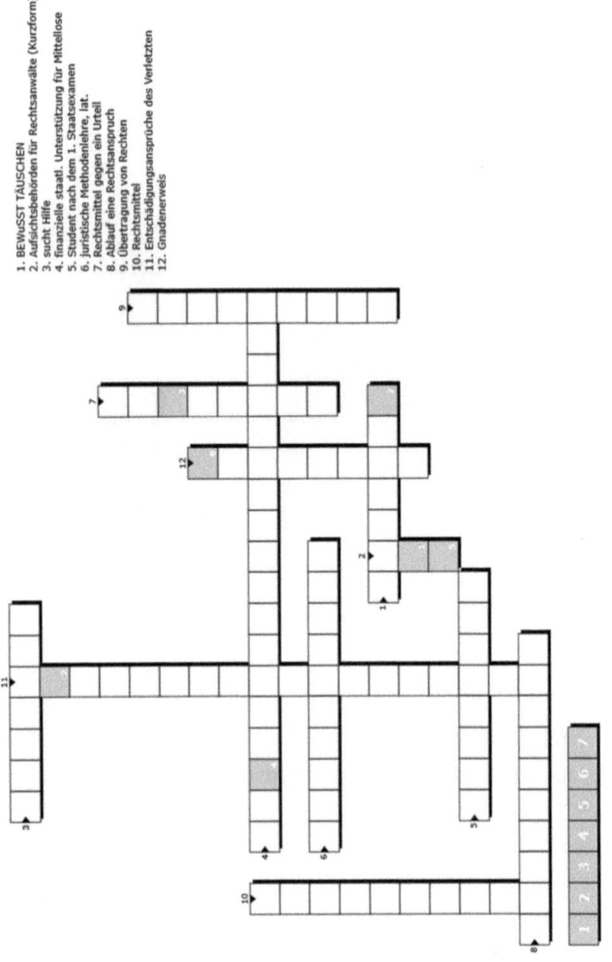

Lösung: ADVOKAT

Juristen Sodoku (9x)

Fülle die leeren Felder so aus, so dass jeder Begriff genau einmal in jeder Zeile, jeder Spalte und jedem 3x3 Block vorkommt.

Die Begriffe:

1. Klage
2. Gesetz
3. Vertrag
4. Zeuge
5. Richter
6. Einspruch
7. Beweis
8. Mandant
9. Paragraf

Richter		Einspruch	Beweis		Paragraf		Gesetz	Vertrag
Gesetz		Vertrag			Einspruch	Beweis	Mandant	
		Paragraf			Vertrag	Zeuge	Richter	Einspruch
Paragraf		Klage					Einspruch	
Vertrag	Gesetz							Klage
Einspruch		Beweis					Vertrag	
Klage		Gesetz	Vertrag		Richter	Einspruch		Mandant
	Vertrag		Einspruch			Paragraf	Klage	Gesetz
	Einspruch		Paragraf		Gesetz		Zeuge	Richter